Key Words of
Vijñaptimātra-vāda

唯識關鍵字

許洋主——著

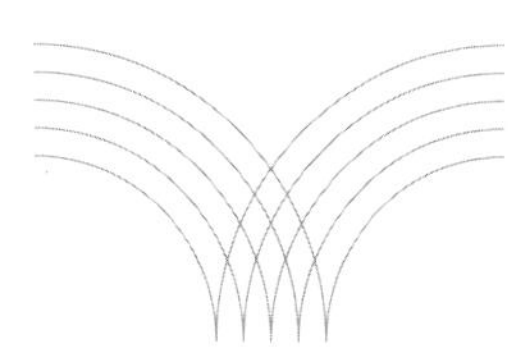

自序

我高中時，買過一本含《舊約》與《新約》的聖經來讀，令我對基督教略知一二，但對佛教，我依然停留在為了逃避戰亂而從高雄市區搬到鄉下時，從一位齋姑學到的〈白衣神咒〉；也因此，當我後來放棄教職，轉往設在新竹市的美國佛教會駐臺譯經院，參與佛經英譯工作時，常為漢譯佛經所困擾。這是推動我走向學習梵文之路的最大原因。

我受到挑戰了，但那時因緣不具足，只能依然坐困其中。幾年後，終於得到一個機會：去東京向片山一良教授學習巴利文。我還是不能直接碰觸梵文，兩個月的學習時間到後，我必須回臺灣了。出乎預料，片山老師送我一本名為《梵語學》的書，並說：「你可以自學梵文了。」從此自修梵文成為我幾乎每天都要做的事。

佛教經論中有些內容是連佛教研究者也難以了解的。這些經論原本就是舶來品，從外國（古印度）傳進來的。那裡的文化有它的獨特性，不是一兩下就能一清二楚的。想要透徹了解古印度文化最好的第一條捷徑，當然是透過用以呈現它的梵文。想藉由各種和它同屬印歐語系的歐洲語言去認識古印度，應該可比喻為同時穿兩雙鞋在走路，即使能向前走幾步，也是踉踉蹌蹌的，很快就跌倒，不如穿一雙非常合腳的鞋，這樣才能走得很快，也能跳得很高。總之，我確實認為，在研讀佛教經論時，應該具有閱讀梵文的能力。至於說學習環境差，我不能否認，但我堅信：意志可以改變環境。不是有“Where there is a will, there is a way. ”（有志者事竟成）這句英文嗎？

現在有些從事農業者會為他們自己的產品做履歷，這其實是在告訴購買者：他們的產品是怎樣製成的。同樣地，學習梵文時最不可忽略的是，要把整句中的每個字是怎樣構成的弄清楚，因此，對梵文文法不能不充分熟悉。依我的經驗，梵文文法不難，只是規則很多很煩，而且那些規則只要學會一個，用頭腦或常識推敲一下，很可能獲得舉一反三的效果。任何語言都含有它自己的一套邏輯，

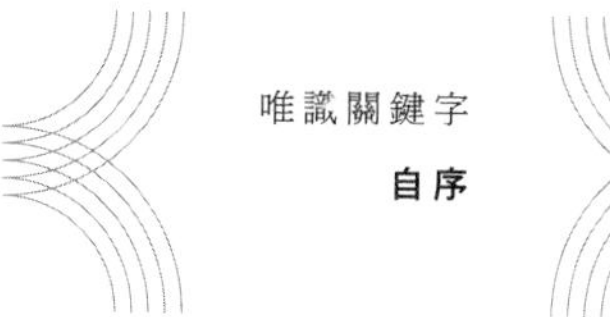

學外文時，如果遇到的老師只要你多背，那很可能是學習失敗的開端，而學習失敗也可能導致人生的不順。

學會梵文，對於佛法的理解和掌握有什麼幫助？以 prajñā（般若，即智慧）和 vijñāna（識）為例，這兩個字都由有「知」之意的動詞字根√jñā 做成，但在它的前面加上接頭詞 pra 或 vi，意思就大不相同。加了 pra，表示三百六十度，即全面的了解，而加了 vi，就只有幾十度，即片面的認識。是前者透徹，還是後者？當下立判。關於這部分，書中已有說明，在此不擬贅述。若明白 prajñā 和 vijñāna 到這個程度，進而舉一反三、聞一知十，還會不解轉識成智、轉染成淨、轉俗成聖是怎麼一回事嗎？

再舉一例來論述研究佛教義理為何必須學習梵文的理由。在《阿彌陀經》中有如下一段：「從是西方，過十萬億佛土，有世界名曰極樂，其土有佛，號阿彌陀，今現在說法。」

在隋唐時代，漢傳佛教已成立很多宗派；其中之一是淨土宗。此宗更進而傳入日本，日本研究淨土思想的學者把《阿彌陀經》、《無量壽經》和《觀無量壽經》稱為「淨土三經」，但實際上，在其中看不到相當於漢譯「淨土」的梵文原語。佛教經典中出現的「淨土」，首見於鳩摩羅什（344 ～ 413）譯的《維摩詰所說經．佛國品》和《法華經．如來壽量品》。淨土的梵語是 pari（完全）-śuddha（清淨）-kṣetra（土）。

從上揭《阿彌陀經》的「有世界名曰極樂」看來，極樂是世界的名稱。此中的「世界」是 loka-dhātu 的漢文意譯。那麼，loka 和 dhātu 的原義是什麼呢？loka 是由有「破壞」意思的動詞語根√ luj-1 構成（luj → log → lok+a=loka）的名詞，而 dhātu 是由有「放置」意義的動詞語根√ dhā-3 構成的（dhā+tu=dhātu），有「界」之意。

《俱舍論》卷二十三和《大般若經》卷五三八說："lujyata（=rujyata）iti lokaḥ"，漢譯作「有壞曰世界」。兩相對讀，《阿彌陀經》中的「極樂（sukhāvatī，原義為「有樂」）世界」，不就是一個也會破壞的地方嗎？這一類型的質疑，對修淨土法門的人，可能造成極大的疑惑或恐慌吧。如果有人對我提出這樣的問題，我最先給的答案是：「絕對不會，反而會更精進修行佛法。」接著進一步細加說明：「佛說諸法無常，極樂世界也是諸法之一，所以它也是無我無常。」

怎樣解釋這點呢？舉例來說，有學生在中學拚命讀書，成績因而很優秀，考進大學不成問題，但如果成了大學生，就時常吃喝玩樂，荒廢課業，他能如期在四年後畢業嗎？未必。同樣地，準備足夠的善根福德，得以進入淨土，但此後若不繼續精進，還能留在淨土嗎？

想到這點，淨土行者當然就會理解，極樂世界何以被說為 loka-dhātu。往生淨土並非成佛的保證，而是只有不斷在佛法中精進，才可能有成佛的一天。不精進到不退轉的階位是不行的。因此，即使已往生極樂世界，也還是必須努力修學佛法，loka-dhātu 此一語的深義是在提醒修行者，終點——成佛——還沒有到達，仍須努力。把這個 loka-dhātu 當作警惕、勵志語彙，不就是能全面而非片面地解讀佛法嗎？

佛教，不論大乘、小乘都有幾個宗派，我不屬於任何宗派，學習時，當然必須理論與實踐兼顧。我一向視佛教為教化工具，因此自然而然會傾向現實層面。有務實的努力，才可能有比較圓滿的成果，不是嗎？

大乘佛教被分成中觀、唯識、如來藏三系。在中國佛教，如來藏系最盛，幾乎中國佛教的宗派都屬於這一系，有的即使開始不是，到最後卻也歸入而同流。如來藏系主張一切眾生皆有佛性，卻忽略了：有佛性到究竟成佛之間的時間差距是三大阿僧祇劫，「有佛性」只意味「可以開始修行，並且要繼續下去」，而絕非「已完成修行」。臺灣民間說：「才吃幾把青菜，就想上西天。」其中的「青菜」意指修行，這句話的真正意思是：「少善根福德因緣」而想往生極樂世界，是 impossible（不可能的）。

至於另兩大教派中觀和唯識，我個人的看法是後者比前者務實。眾生的貪、瞋、癡一旦生起，要立刻知道如何處理，就像醫生那樣，第一步診斷病因，第二步開出藥方，要又快又準。類似唯識佛教提到的種種煩惱，不是說或觀想它們「自性空」，就能快速有效解決。正如學外文一樣：與其每天想並且相信一定學會，還不如把文法書、世界名著、字典多翻爛幾部紮實些。又，每天思考學外文是怎樣一回事，尤其想這方面難，而那方面不容易，以及如何才能學會，不如把書打開，一字一字看（眼到）、念（口到）、聽（耳到）、寫（手到）、記（心到），來得有效果。

唯識思想告訴我們，我們生活在一個虛妄的世界，透過我們的眼、耳、鼻、舌、身、意這六個感官取得的訊息，往往是不正確的，以致我們的言行也跟著錯誤。當錯成一團的不是少數人，而是大部分的人時，我們居住的環

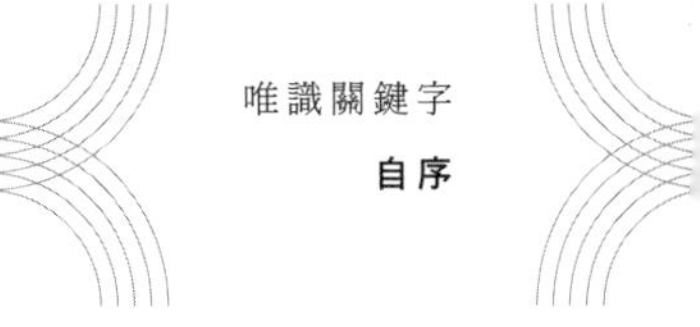

境會是什麼樣的狀態呢？所以，以前在每一堂講解唯識的課程開始前，我都不厭其煩地告訴學生，先要承認我們凡夫的認識都是錯誤的，因為認識的主體（心）與無明相應，也就是《雜阿含經》所謂「愚癡無聞凡夫」。

學習佛法是學會轉彎，唯識思想為想離苦得樂者提供了獨特的實踐方法——唯識觀，認為當我們的認識由錯誤轉成正確時，也就是人間淨土出現的時刻。智慧——正確的認識——是我們應該、也是我們所必須追求的，因為它和其他佛教思想一樣，會帶給我們解脫之樂。

在安慧論師（470 ～ 550）的《唯識三十頌釋論》中，他提供每一種煩惱的特質及其發生的原因、影響及包含步驟的解決方法；不但務實而且具體，這本書確實對我們的日常生活助益很大。因此，我以它為依據，對眾生的種種煩惱作簡略的解析說明。而且，據說安慧論師在年代上比世親論師晚一百年，他的注解可能更接近世親原意吧。

另一個選用它的原因是：我已花費很漫長的一段時間，把此書梵本中的每一個字都盡量弄清楚，並寫成一本厚達上千頁 A4 紙的「唯識三十頌釋論梵本解析」。此書的出版費用已不是現在的我所能承擔，因此，只能提供給想學的學生部分資料，但因緣不具足，教和學雙方都不能持續。

我寫這本《唯識關鍵字》和我翻譯好幾本日本佛教學者的專著，出發點都一樣：為因聽別人說或自己覺得佛學深奧難學的人搬走學習障礙而已；又，這樣做的動機也只是由於我堅信：佛法能助眾生（包括我自己）離苦得樂，所以我要藉這樣的撰寫和翻譯，來達成我做為一個 lay missionary（居士弘法）的工作和使命；成為佛教的學者專家，不在我的人生規畫內。至於讀者要不要採用唯識佛教的這個方法，端看個人的根機與智慧。

目錄

自序 3
簡介梵文文法 14

第一篇
認識唯識

01 般若 prajñā 27
02 煩惱 kleśa 33
03 無明 avidyā 41
04 識 vijñāna 48
05 唯識 vijñapti-mātra 54
06 五蘊、五位到五事——唯識佛教的認識內涵 61
07 略說八識 70
08 識轉變 vijñāna-pariṇāma、轉依 āśraya-parāvṛtti 78
09 三自性 trividhaḥ svabhāvaḥ 87
10 自性空 svabhāvaśūnya 96
11 三無自性 trividhā niḥsvabhāvatā 103
12 唯識四分說——心的四種領域 112
13 唯識思想的教證與理證 120
14 唯識佛教的修行法門 128

第二篇

根本煩惱

01 貪 rāga 139
02 瞋 pratigha 146
03 癡 moha 153
04 慢 māna 161
05 見 dṛṣṭi 168
06 疑 vicikitsā 176

第三篇

隨煩惱

小隨煩惱

01 忿 krodha 187
02 恨 upanāha 194
03 覆 mrakṣa 202
04 惱 pradāsa 209
05 嫉 īrṣyā 216
06 慳 mātsarya 222
07 誑 māyā 229
08 諂 śāṭhya 236
09 憍 mada 243
10 害 vihiṃsā 250

中隨煩惱

11 無慚 āhrīkya 與
無愧 anapatrāpya 256

大隨煩惱

12 惛沉 styāna 264
13 掉舉 auddhatya 271
14 不信 āśraddhya 278
15 懈怠 kausīdya 285
16 放逸 pramāda 292
17 失念 muṣita-smṛti 299
18 散亂 vikṣepa 306
19 不正知 asaṃprajanya 313

第四篇

不定心所

01 惡作 kaukṛtya 323
02 睡眠 middha 330
03 尋 vitarka 337
04 伺 vicāra 344

後記 351

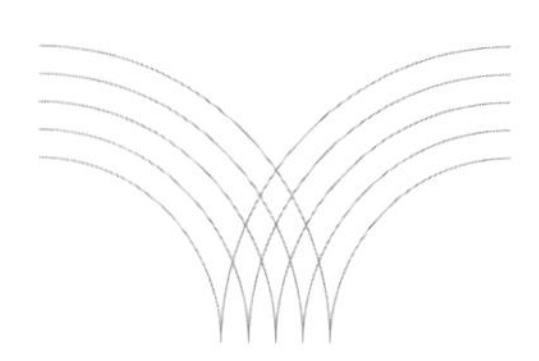

簡介梵文文法

漢譯佛典大多譯自以梵文書寫的佛教聖典，因此，對梵文的認識，理當更能透過梵文佛典發掘佛教的本義。

梵語，在印度稱為 saṃskṛta，由 sam（pref.）＋ s ＋ √kṛ ＋ ta（ppp. suf.）做成。sam 和√kṛ 有圓滿、具足、成就等義，其中加入 s 是連音的緣故。在漢譯佛經中，此字被譯為「有為」。現今使用的 sanskrit 一字，是被異化的梵文，原來的梵文是 saṃskṛta。梵語的「梵」有「清淨」意，因此就字義而言，可以說是雅語（refined speech）。又，從它也被稱為 sanskrit，可推知它是完美製造而成的人工語言。以下簡單介紹梵文的基本文法：

梵文的字母：有十三個母音，三十五個子音。

梵文的詞類：有 1. 不變化詞：不加任何語尾；

2. 變化詞：其語根（root）或語基（stem），因添加語尾（suffix，語基構成音）而有種種意義或不同的用途。

不變化詞：有五種。

1. **接頭詞**（prefix）：約有二十個，接在動詞語根前，影響動詞的意義。

2. **連接詞**（conjunction）：連接二個單字或二個句子。

3. **副詞**（adverb）：修飾動詞，表動作發生的時間、地點、原因、方法、工具等。

4. **感嘆詞**（interjection）。

5. **介系詞**（preposition）（數量極少）。

變化詞：有 1. 名詞（noun）；2. 代名詞（pronoun）；3. 形容詞（adjective）；4. 數詞（numeral）；5. 動詞（verb）。這些詞類各有各的變化，但其中名詞和形容詞的變化大致相同。

名詞、代名詞、形容詞的性、數、格：

名詞有陽性（m.）、陰性（f.）、中性（n.）和單數（sg.）、雙數（du.）、複數（pl.）之分。代名詞用以代替名詞，形容詞用以修飾名詞，因此這兩種詞類也都有三性和三數之分。此外，名詞還有八格之分。形容詞亦然，但代名詞缺乏呼格，亦即只有七格。八格如下：

格	英文	縮寫
主格	Nominative	N.
呼格	Vocative	V.
對格	Accusative	Ac.
具格	Instrumental	I.
與格	Dative	D.
從格	Ablative	Ab.
屬格	Genitive	G.
位格	Locative	L.

梵文的名詞、形容詞，除固有部分外，有不少和動詞一樣，由動詞語根加上不同的名詞或形容詞語基構成音（suf.）亦即接尾詞，做成原形（語基，stem），用以寫作或會話時，再就語尾做格變化。又，詞類也可轉用，如：√budh-1（動詞語根）做成的 buddha（ppp.，即過去被動分詞），可轉作名詞，解作「佛陀（覺者）」，或形容詞，解作「已覺悟的」。

一個梵字的構成要素如下：

1. 接頭詞（prefix）

2. 動詞語根（√）

3. 語基構成音（suf.）：動詞、名詞、形容詞各有其語基構成音。

4. 語基（stem）：由語根＋語基構成音做成的，然後於動詞語基加人稱語尾；名詞和形容詞的語基則做格變化。

構成名詞與形容詞語基的範例：

1. 動詞語根＋名詞語基構成音，如：

√man-4（「思惟」之意）→ ma ＋ ti（名詞 suf.）＝ mati 智慧（名詞語基）

√bhaj-1（「分與」之意）→ bhak → bhag ＋ a（名詞 suf.）＝ bhaga（名詞語基，福＝樂）

2. 名詞語基＋形容詞語基構成音，如：

bhaga（名詞語基）＋ vat（adj. suf.，有）＝ bhagavat（①形容詞語基，有福的；②名詞語基，世尊，薄伽梵）

3. 形容詞語基＋形容詞語基構成音，如：

balavat（形容詞語基，有力的＝強的）＋ tara（adj. suf.，比較）＝ balavattara（形容詞語基，比較強的）

4. 同一動詞語基加上不同的 suf. 後，可做成數個不同的名詞語基。以√ budh-1（覺悟）為例：

①√ budh ＋ ti ＝ bud ＋ dhi ＝ buddhi

②√ budh → bodh ＋ a ＝ bodha

③√ budh → bodh ＋ ana ＝ bodhana

④√ budh → bodh ＋ i ＝ bodhi

複合詞：

有六種。每個複合詞含有前語和後語二部分，有名詞、形容詞、副詞的功用。語尾變化的規則同於名詞。

動詞：

和英文一樣，有時態、語態、語氣之分：

1. 動詞的時態（tense）：表動作發生的時間，共有五種：（1）現在式；（2）過去式（接近現在的時間）；（3）未來式；（4）完成式；（5）aorist 式。

2. 動詞的語態（voice）：（1）主動；（2）被動。

3. 動詞的語氣（mood）：（1）直述；（2）願望；（3）命令；（4）使役；（5）條件；（6）意欲；（7）強調；（8）基於名詞之動詞，或稱「名動詞」。

動詞的構成要素：

1. 接頭詞（prefix）：接在動詞語根之前，可有可無，有則影響動詞的意義。例如：√ gam-1，原意為

「去」；√ gam-1 加上接頭詞 ā（ā ＋√ gam-1），變成「來」。

2. 動詞語根（√）：約有二千個，分成二類十種。第一類動詞有第一、第四、第六、第十共四種，規則簡單。第二類動詞有第二、第三、第五、第七、第八、第九共六種，規則較複雜。

3. 動詞語基構成音（v. suf.）：隨動詞的時態、語態、語氣而有很多種類。

4. 動詞語基（v. stem）：動詞語根（√）加上不同的動詞語基構成音（v. suf.）做成不同時態、語態、語氣的動詞語基。但在做動詞語基時，必須留意動詞語根（√）中母音的變化。

5. 動詞的人稱語尾（end.）：任何時態、語態、語氣的動詞語基後，都要加上為他（P.）或為己（Ā.）二種人稱語尾。前者表動作為他人而發；後者表為自己而發。

動詞的製作公式：

根據上揭動詞的構成要素列成公式如下：

pref. ＋ √ ＋ v. suf. → v. stem ＋ end.

接頭詞＋動詞語根＋動詞語基構成音→動詞語基＋動詞人稱語尾

梵文的動詞，有時不只加一個動詞語基構成音（v. suf.），作法會隨著動詞的語氣（mood）而有複雜的變化。以使役被動動詞的作法為例：

1. √ vid-2（知）→ ved ＋ aya（使役 suf.）＝ vedaya（使役語基，令知）

2. vedaya → ved ＋ ya（被動 suf.）＝ vedya（使役被動語基）

3. vedya ＋ e、se、te 等為己人稱語尾（end. Ā.）＝使役被動動詞

準動詞：

由動詞做成，有分詞、連續分詞和不定詞。其中，分詞可代替動詞或轉成形容詞、名詞。

• 分詞：就時態和語態分成如下：

1. 現在分詞：

（1）現在主動分詞：

① √ ＋ at / ant（ppr. P. suf.），例：

√ tud-6（打）＋ at / ant → tudat（ppr. P. 弱語基）／ tudant（ppr. P. 強語基）

② √ ＋ māna（ppr. Ā. suf.），例：

√ tud-6 ＋ māna → tudamāna（ppr. Ā. 語基）

（2）現在被動分詞：

同於現在主動分詞 Ā.

2. 過去分詞：

（1）過去被動分詞（ppp.）：

√＋ ta / na（ppp. suf.），如：

√ kṛ-8 ＋ ta（ppp. suf.）＝ kṛta（ppp.）

√ lū-9 ＋ na（ppp. suf.）＝ lūna（ppp.）

（2）過去主動分詞（pap.）：

ppp. ＋ vat / vant（pap. suf.），如：

kṛta（ppp.） ＋ vat / vant（pap. suf.） ＝ kṛtavat / vant（pap. suf.）

3. 完成分詞：

（1）完成主動分詞：

①完成動詞的弱語基＋ vas / uṣī（f.）（P.）

②完成動詞的弱語基＋ āna / ānā（f.）（Ā.）

（2）完成被動分詞：

同於完成主動分詞 Ā.

4. 義務分詞：

√＋ tavya / aniya / ya（ fpp. suf.），如：

√ dā ＋ tavya（ fpp. suf.）＝ dātavya（ fpp.）

5. 未來分詞：

在構造上同於第一類動詞的現在分詞。

（1）未來主動分詞（fap.）：

①未來語基（√〔＋i〕＋sya〔fut. suf.〕）＋at / ant（fap. P. suf.），如：

√dā ＋ sya（fut. suf.） ＝ dāsya（未來語基）＋ at / ant（fap. P. suf.）＝ dāsyat / dāsyant（fap. P.）

②未來語基（√〔＋i〕＋sya〔fut. suf.〕）＋māna（fap. Ā. suf.），如：

√dā ＋ sya（fut. suf.）＝ dāsya（未來語基）＋ māna（fap. Ā. suf.）＝ dāsyāmāna（fap. Ā.）

（2）未來被動分詞：

同於未來主動分詞（fap. Ā.）

• 連續分詞（abs.）：用以接續以下另一個動詞。有三種作法：

1. √（＋i）＋ tvā（abs. suf.），例：

√śru-5 ＋ tvā（abs. suf.）＝ śrutvā（abs.）

2. pref.- √＋ ya（abs. suf.），例：

ā- √dā-3 ＋ ya（abs. suf.）＝ ādāya（abs.）

3. pref.- √（短母音結尾）＋ tya（abs. suf.），例：

pra- √ kṛ-8 ＋ tya（abs. suf.）＝ prakṛtya（abs.）

• 不定詞（inf.）：√＋ tum（inf. suf.），例：

√ sthā-1 ＋ tum（inf. suf.）＝ sthātum（inf.）

連音：指聲音的變化，即一梵字之中和一梵字之末的母音或子音的變化。有內連音與外連音二種。前者指接頭詞、語根、語基和語尾之間的變化，後者指一句之中二個字，以及一個複合詞之中二個語基，即前後語之間的變化。

句子：和英文一樣有 1. simple sentence（簡單句）；2. complex sentence（複句，包含一個附屬子句和一個獨立子句）；3. compound sentence（複合詞，包含二個獨立子句，用 and, but, or 等連接）；4. compound complex sentence（包含 complex sentence 和 compound sentence）。

第一篇 認識唯識

01

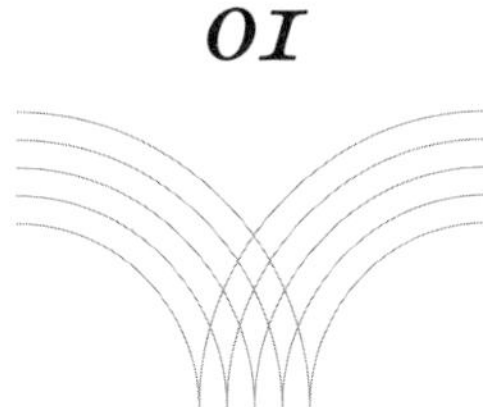

般若
prajñā

梵文佛典的漢譯，讓我們得以一窺佛陀的智慧；
然而隨著時代的遷移，
許多佛教術語的意涵不免有所擴張，
而有各種殊異的解法。
透過梵文文法與語義的解析，
能讓我們簡易迅速地明瞭佛法本質，掌握佛法的深妙。
「般若」prajñā 是佛教中很重要的詞彙，讓我們一探究竟。

佛教（Buddhism）與基督教（Christianity）、伊斯蘭教（Islamism）同列為世界三大宗教，意謂這三種宗教為世界各地區的人所信奉。然而，實際上這三種宗教在本質上是有差異的。例如從信不信神來說，基督教和伊斯蘭教都是一神教，即相信宇宙萬物是由一位造物主所創造，所以信徒所思、所說、所做都必須符合神的旨意，神也會因此而關愛他們；而佛教是無神論，認為世間全部，不論是精神的或是物質的，都是因緣所生法；信徒要自己培養智慧去面對、處理他所遭逢的一切問題。佛教徒沒有任何神可依賴，佛菩薩也只是他們的善知識，即老師或好朋友。

佛教的聖典，就數量而言，非常龐大，但就種類而言，則分成三種，即經、律、論。其中，經又可分成顯教經和密教經二種。收在《大正藏》中的顯教經就有八百四十七部。把一套藏經從頭到尾閱讀一次，至少要花費數年，更不要說深入研究。幸好近來有關佛學研究的專門著作或論文，不但在質上不斷提昇，而且在量上也持續增加；這對專門研究佛學者當然會有很大的助益，但對一般只想對佛教略有了解的人而言，要一本一本、一篇一篇閱讀那些作品，確實是一大負擔。

因此，本書擬採用一個比較省時、省力的方法，即選

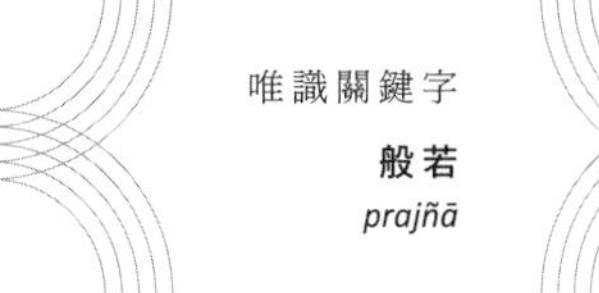

取一些梵文的佛教唯識學詞彙做文法上和語義上的解析，令有心學佛者簡易迅速地明瞭佛法的本質或特質。首先，介紹漢譯經典中常見的「般若」（中文讀音ㄅㄛ ㄖㄜˇ）一詞，梵文原文是 prajñā。

prajñā 解析

梵語的 prajñā，在巴利語作 paññā，而漢文音譯作「般若」、「鉢若」、「班若」、「般羅若」、「般剌若」、「鉢羅若」、「鉢羅枳穰」、「鉢羅枳孃」、「鉢羅腎攘」；意譯則作「慧」、「明」、「慧明」、「極智」、「勝慧」、「黠慧」。

prajñā 是由接頭詞 pra 和動詞語根√jñā-9 構成的陰性名詞。pra 的意思是「向前方」、「前進」，√jñā 則為「認識」、「覺知」。這兩部分合成 prajñā，原意是「向某個對象前進去認知它」，即「全面地、直接地、徹底地去體驗、覺悟某個對象」。這裡所說的「某個對象」，其實就是佛教所說的「法（dharma）」。在佛教，法有許多的涵義，其中之一，用白話說，就是「具有自己的特色，因而能為人所認知的事物」。其中，「自己的特色」即是佛教典籍所說的「自相」。我們自己或周遭隨時隨地都會有事，這些事都有自己的特色，所以它們都是佛教所說的「法」；它們之中，有的很容易處理，有的卻很棘手，但無論如何都要直接去面對、了解、處理它們，否則簡單的事也會變成很複雜，更不要說本來就很艱難的事。

般若（prajñā）是很重要的佛教術語之一。在大、小乘的經論中都可看到它；它出現的頻率很高。隨著佛教思想的發展，它的意涵難免有所擴張，因而極可能對它引發一些殊異的解法。這是很複雜的議題，絕非三言兩語就能說清楚。以下先引用《俱舍論》梵本及其玄奘（602～664）譯本中有關 prajñā（般若）的文句，以印證以上對 prajñā 此一梵語在文法上和語義上的解析。

梵本：prajñā dharma-pravicayaḥ

玄奘譯本：慧謂擇法

將上揭梵、漢引文對照解說如下：梵文的 prajñā 即漢文的「慧」；梵文的 dharma-pravicayaḥ 即漢文的「擇法」。這些引文的意思是：prajñā 即般若，是對法的揀擇。pravicayaḥ 是由兩個接頭詞 pra 和 vi 加上動詞語根

√ ci-3 構成的陽性名詞，原意是「搜究」；漢文意譯除「揀擇」外，尚有「思擇」、「簡擇」等。

揀擇諸法，斷除煩惱

隨後說到擇法時，玄奘譯本更進一步說：「若離擇法，無勝方便能滅諸惑（yato na vinā dharma-pravicayenāsti kleśa-upaśama-abhyupāyaḥ）。」這告訴我們：沒有揀擇，就沒有解決問題、排除困難的好方法。

kleśa 是由動詞語根√ kliś-4 做成的陽性名詞。√ kliś 有「苦惱」、「汙穢」之意。在漢譯聖典中，kleśa 譯作「惑」，亦譯作「煩惱」，指令眾生苦惱、汙穢的東西，如貪、瞋、癡等，因此它是令眾生墮入生死苦海的主因。不能揀擇諸法，就不會用殊勝的方法斷除煩惱，因而不但不能令自己而且不能令眾生躍出「生死泥（saṃsāra-panka）」。由此可見擇法即般若，在斷煩惱、得解脫上有多重要。

又，煩惱也有許多種，但其中最難捨離的應是根本無明。如上述，當無明生起時，必須面對它去做揀擇，才會找出好方法把它斷除。又，從《金剛能斷般若波羅蜜經》

（簡稱《金剛經》）這個經題的涵義——唯有像鑽石般堅硬的般若波羅蜜，才能割斷煩惱，也可知：般若才是煩惱的剋星。

總之，佛教並沒有教信徒崇拜至高唯一的神，反而要信徒自己培養、增長自己的智慧，如此才有能力揀擇諸法，進而捨斷煩惱，更進而跳脫輪迴而達到解脫的境界。從以上對 prajñā（般若）所做的解析可知：重智即強調智慧，是佛教的本質或特質之一。

——原刊於《人生》雜誌 337 期（2011 年 9 月）

02

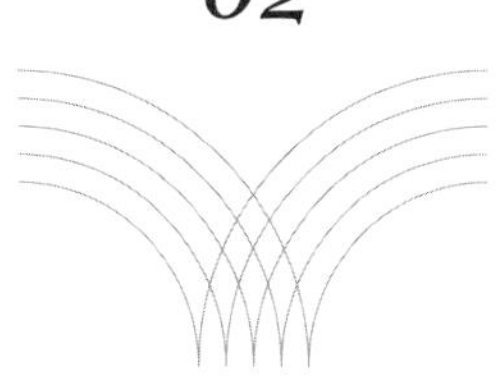

煩惱
kleśa

煩惱是很重要的佛教用語，梵文為 kleśa，
又被譯為惑、結縛、塵勞等。
我們常說「煩惱無盡誓願斷」，
煩惱有哪些種類？又該怎麼斷？
佛陀一生說法為我們開示了戒、定、慧三學，
依此修持，便能累積菩提道上的資糧。

kleśa 的漢文意譯為「煩惱」、「惑」、「結縛」、「塵勞」等。此一梵字是由動詞語根√kliś-4 和語基構成音 a 做成的陽性名詞，即：√kliś → kleś ＋ a ＝ kleśa。√kliś 意謂「令苦惱」、「令煩困」；此外，尚可解作「弄髒」，漢文意譯為「雜染」。√kliś 的過去被動分詞（ppp.）kliṣṭa 可轉作形容詞（adj.）而有「染汙」、「不淨」之意。唯識學派所說八識中的第七 kliṣṭa-manas，就被譯為「染汙意」，意謂它是具有煩惱的意（manas）。總之，kleśa（煩惱）就是令眾生的心骯髒、進而苦惱煩困的心理活動或作用。

接著要列出並略作說明的是煩惱的種類。在《阿含經》群中提到的煩惱，以貪（rāga）、瞋（pratigha）、癡（moha）為主，並將它譬喻為「三火」和「三毒」。火與毒都會傷害眾生，並令他們嘗受苦果。因此，眾生所應採取的上策（the best policy）就是遠離此三火／毒。

從「唯識」看「煩惱」

進入大乘佛教時代後，對「煩惱」的解析更詳細。在《唯識三十頌》提到的煩惱有二類。

第一類是與「染汙意」相應的四煩惱：1. 我見（ātma-dṛṣṭi）；2. 我癡（ātma-moha）；3. 我慢（ātma-māna）；4. 我愛（ātma-sneha）。

第二類是與「了別境識」（即：眼、耳、鼻、舌、身、意六識）相應的煩惱；它又細分為六根本煩惱和二十四隨煩惱（詳見下表）。二十四隨煩惱是從六根本煩惱衍生出來的，因此，從出處而言，六煩惱是它們的根源；又從傷害的嚴重性而言，六煩惱當然比二十四隨煩惱劇烈。

《成唯識論》把最後四個：惡作、睡眠、尋、伺分出來，稱為不定心所。

六煩惱	二十四隨煩惱
貪（rāga） 瞋（pratigha） 癡（moha） 慢（māna） 見（dṛṣṭi） 疑（vicikitsā）	忿（krodha）、恨（upanāha）、 覆（mrakṣa）、惱（pradāsa）、嫉（īrṣyā）、 慳（mātsarya）、誑（māyā）、諂（śāṭhya）、 憍（mada）、害（vihiṃsā）、 無慚（āhrīkya）、無愧（anapatrāpya）、 惛沉（styāna）、掉舉（auddhatya）、 不信（āśraddhya）、懈怠（kausīdya）、 放逸（pramāda）、失念（muṣita-smṛti）、 散亂（vikṣepa）、不正知（asaṃprajanya）、 惡作（kaukṛtya）、睡眠（middha）、 尋（vitarka）、伺（vicāra）

再者，對上揭諸種煩惱的特質，做更深入的探討，也可將煩惱分成兩類：一是屬於知見方面的；另一是屬於欲愛方面的。原始佛教所說「四聖諦」中的「集諦」，指苦（duḥkha）生起的原因，而這苦生起的原因就分屬上述的兩方面；即使到大乘佛教，也是如此，頂多列出較多的煩惱項目。

上述常與「染汙意」相應的四煩惱，即「我見」、「我癡」、「我慢」、「我愛」中的前三者，都和知見有關，唯獨最後者和欲愛有關。而成為「見」、「癡」、「慢」、「愛」的對象的「我」，並非你（tvam）、我（aham）、他（sas）中的我，而是也被漢譯為「我」的ātman。安慧著《唯識三十頌釋論》說「人無我（pudgalanairātmya）」和「法無我（dharmanairātmya）」，其中的「無我」相當於梵文的nairātmya（由形容詞nirātman做成的抽象名詞）。又向上追溯，原始佛教說「諸法無我」，提倡的「無我論」；其中的「我」是梵文的ātman，也就是婆羅門教所主張「梵我合一」中的「我」。

用現代的語詞來說，「梵」是大靈魂（即大我），「我」是小靈魂（即小我）。婆羅門教徒追求死後回到

「梵」那裡，與他合一。這個「我（ātman）」是佛教堅決反對的，因為婆羅門教所說的，不論是「梵」或「我」都是永恆、獨立、不變的，而佛教認為，宇宙中不論是有生命（即「有情」）的，或是無生命（即「無情」）的，都是短暫、互依、變化的存在；套用佛教術語，「他們」和「它們」都是緣起的。

又，上揭與「了別境識」相應的六煩惱也一樣，可分屬知見面和欲愛面。所說知見指理智層面，欲愛則指感情層面。此外，《唯識三十頌釋論》也提到煩惱障（kleśāvaraṇa）和所知障（jñeyāvaraṇa）：前者妨礙解脫的證得；後者則妨礙智慧於一切所知發揮作用。又說："kleśajñeyāvaraṇaprahāṇamapi mokṣasarvajñatvā=dhigamārthaṃ（斷煩惱〔與〕所知〔二〕障也〔是〕為了證得解脫和一切智）。《雜阿含經》中所說的「愚癡無聞凡夫」，理智貧乏而軟弱無能，感情則隨性而漫無紀律。他們動不動就為自己或周遭的人製造麻煩，卻又沒有智慧去解決，於是生活日趨困苦。

戒、定、慧的螺旋型修持

總之，煩惱，不論是知見方面的或是欲愛方面的，都是造業的原因，而造業是受苦果的原因。反過來說，要不受苦果，就不要造惡業；要不造惡業，就要斷除煩惱。任何一種煩惱既然都對眾生的一生有或大或小的傷害，當然就沒有留存它的理由，反而是棄之唯恐不及。就佛法而言，這就是〈四弘誓願〉之一的「煩惱無盡誓願斷」。煩惱如何斷呢？這就關聯到佛教的實踐論了，也就是佛教徒口中所說的「修持」。

《雜阿含經》由一千三百六十二部小經組成的。在那些小經的最後常看到「歡喜奉行」，這是指聽眾聽聞佛法之後，法喜充滿，因此很興高采烈地去奉行佛陀所說的教理。佛陀說法四十多年的教理可濃縮成戒、定、慧三學。佛教徒隨時隨地要守戒律、修禪定、長智慧。在小乘佛教時代，這戒、定、慧三學可開為八正道（參閱《佛陀的啟示》，慧炬出版社，頁 82）：

1. 正見——正實的知見；2. 正思——正確的思惟；3. 正語——正直的言語；4. 正業——端正的行為；5. 正命——正當的職業；6. 正勤——正好的努力；7. 正念——

正淨的憶念；8. 正定——正統的禪定。

這八正道即是四聖諦中的道諦——滅苦的方法。此外，尚有內容比較豐富的三十七道品或三十七菩提分，即三十七個達成覺悟的修行德目，為：1. 四念處；2. 四正勤；3. 四如意足；4. 五根；5. 五力；6. 七覺支；7. 八正道。

進入大乘佛教時代後，佛教教理有進一步發展；中觀和唯識都是新興的佛教思想。大乘佛教除了重智、重解脫道外，也重慈悲、重菩薩道。它的修持德目是大乘佛教徒耳熟能詳的六波羅蜜（或作六度），即：布施、持戒、忍辱、精進、禪定、智慧，或增加方便、力、願、智而成十波羅蜜（即十度）。六度或十度，乍看似乎增添了一些不見於小乘佛教的成分，但它一樣也可歸納成戒、定、慧三學。此三學不是平面型的，而是螺旋型的，也就是：守戒律有助於修禪定，修禪定有助於增智慧；增智慧後更能守戒律，更能守戒律後更能修禪定，更能修禪定後更能長智慧；更能長智慧後……，這就是佛經常說「增上」吧！

佛教徒如果自認應付不了那麼多的修行德目，那就先選三學；若不能同時學那麼多，那就先選其中的一個為主修，另二個為輔修。直到主修熟練了，再選另一個為主修，其餘二個為輔修。修好三學，菩提道上的資糧也不至於缺乏了。

——原刊於《人生》雜誌 340 期（2011 年 12 月）

03

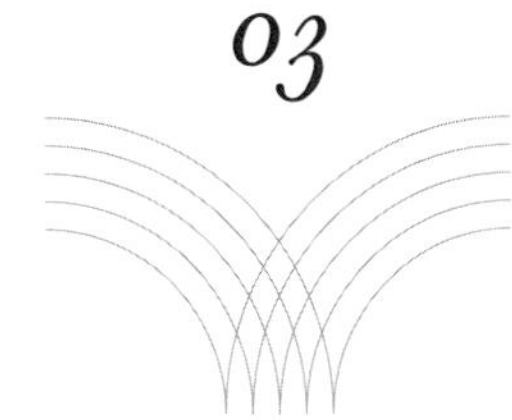

無明
avidyā

avidyā 此一語詞的原意是「不理解」、「不覺知」，
漢譯為無明、愚癡，
因無明，才衍生出「貪、瞋、癡、慢、見、疑」六煩惱，
而造出種種惡業，招致種種苦果。
所以佛陀才在二千五百年前，
一再地提醒眾生努力追求智慧，
因為智慧是離苦得樂的關鍵。

梵語 avidyā 是由接頭詞 a 和陰性名詞 vidyā 構成的。漢文意譯為「癡，愚癡；無明，不明；黑闇」。而 vidyā 是由動詞語根√vid-2 和 ya 再變化為陰性的名詞，有「知識」、「學問」、「學術」等意。即：a +√vid-2 ＋ ya ＝ avidya → avidyā。a 有否定的意思，放在名詞等語詞前，解作「不、無、非」。√vid-2 意謂「理解」、「覺知」、「對……具有正確概念」。

由以上對 avidyā 所做的語源性解析，可知 avidyā 此一語詞的原意是「不理解」、「不覺知」。在印度佛教傳入中國後，梵文佛經被譯成漢文。avidyā 此一梵字譯作「無明」。無明亦即「無知」之意。佛教所說的「無知」，它所針對的不是世間各種學問，而是宇宙萬物的真相。莫尼爾．威廉斯（Monier Williams，1819 ～ 1899）編的《梵英辭典》（*Sanskrit-English Dictionary*）將 avidyā 譯作「spiritual ignorance」（心靈的無知），應該可供參考或佐證吧。

無明，招致煩惱、惡業

在佛教看來，不懂高深的自然科學或社會科學等是小

事一樁，而不解世間種種事物的本質或真相才嚴重；前者涉及知識，而後者與智慧有極大關聯。欠缺知識但不乏智慧的人過幸福生活的可能性，絕對不低於擁有知識卻智慧不足的人。或許有人會懷疑：「真的是這樣嗎？」在仔細觀察我們周邊的人或事，應該就會相信確實如此吧。

佛教論苦，有一套非常體系化的說法，例如「惑、業、苦」。嘗到苦果是由於造下惡業，亦即惡業是苦果之因。更往前推一步，造惡業是出於無知，亦即佛經中所說十二（支）緣起中的「無明緣（有）行」。巴利藏《相應部》因緣相應第一經也說："avijjāpaccayā……saṅkhārā uppādā"（「緣無明（有）行」，與《大正藏》第二冊，頁 84，b 欄所說一句相應）。在此「緣無明」和「無明緣」只是意譯與直譯的差別而已，語意完全相同；就文法而言，「無明」是「緣」這個動詞的受詞。

為什麼說惡業是無知所致呢？難道做惡的人都不曉得自己在做傷天害理的事嗎？實際上，惡行者只知自己的作為會帶給自己很大的利益。他會得到什麼好處呢？他以為會有豐盛的收穫，例如金錢或快樂等。

有些心理可說很不正常的人，看到別人被自己虐待、折磨，就覺得很開心、很得意、很滿足；他們完全體會不到受虐待、被折磨的人很痛苦、很難過。一般人會從行為的表面說這種做惡的人心狠手辣，這是略嫌膚淺的說法。佛教看問題就看得比較深入、比較透徹；它評斷這種惡人是絕頂無知，他因為無知才為非作歹。無知在佛教稱做「無明」，乃至稱作「惑」。又無知所導致的「煩惱」及「惑」有哪些呢？

對某些不該貪的東西，卻還是去貪，完全不知道避免；對某些人不該瞋，卻還是去瞋，完全不知道避免；對某些事不該癡，卻還是去癡，完全不知道避免。又，不該傲慢卻依然不改；不該懷有錯誤見解，卻還是堅持不捨；不該懷疑，卻還是一路不信下去。這些「貪、瞋、癡、慢、見、疑」，在佛教稱為「六煩惱」。

「煩惱」是梵文 kleśa 的意譯，而 kleśa 除了「令苦惱」之外，還有「汙穢」之意。換言之，這「六煩惱」令眾生苦惱，也汙穢眾生。「煩惱」也被英譯為「defilement」（意為「染汙」、「髒物」），不無道理吧！這六種令眾生苦惱、也汙穢眾生的煩惱，它們的根源是無明；無明也可說是最根本的煩惱。

就因為無明，才衍生出「貪、瞋、癡、慢、見、疑」；就因為這六煩惱，才造出種種惡業；就因為造種種

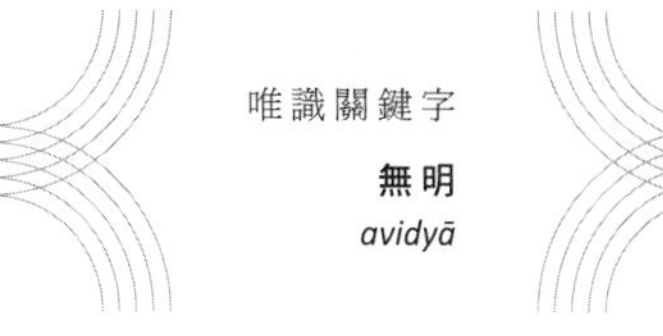

惡業，才招致種種苦果。平日常聽到「惡有惡報」，其實正確的說法應是「惡有苦報」。十二（支）緣起是佛教用以說明眾生生命始末的專門術語。「無明」列為其中的第一支，不就是在告訴我們生命的本質是非理智的，因而我們多生多劫都活在痛苦中嗎？就因為這樣，佛陀才在二千五百年前就一再地提醒眾生要努力追求智慧。佛陀自已知道，也要教眾生知道，智慧是離苦得樂的關鍵；只有藉智慧才能解決問題，尤其是人生的問題。而智慧，在佛陀看來，即是對宇宙萬物的真相——苦、無常、無我的理解。

印度佛教大體上是一個重智的宗教。十九世紀的歐洲佛教學者稱它為「a religion of reason」（理性的宗教）。就是因為它重智，才會全面地、深入地、透徹地探討所有妨礙智慧的事相。安慧論師著的《唯識三十頌釋論》為「所知障」下定義，說它「是阻止智慧對一切所知（即法）起作用的不染汙無知（jñeyāvaraṇamapi sarvāsmin jñeye jñānapravṛttipratibandhabhūtam akliṣṭam ajñānaṃ）」。簡言之，妨礙智慧的運作就是一種無知。在中國佛教中，有時研讀佛教經論被說成所知障，想不到本來用以斥責反智的佛教術語，在佛教傳入中國後，反而被用做反智的藉口，這不是天大的笑話嗎？不是令人痛徹心扉的悲哀嗎？由此也可證實：無明的後果真的太可怕了。

無明，不離緣起性空

原始佛教說一切法都是緣起的：生的因緣具足了就生，滅的因緣具足了就滅。這表示一切法本質上不具有自主性、獨立性和永久性。進入大乘佛教時代，這種說法略有改變，亦即「緣起」被「性空」取代或用「性空」以補充擴大其內涵。

梵文《心經》說："na vidyā nāvidyā na vidyākṣayo nāvidyākṣayo"，此段應譯作：「無明，無無明，無明盡，無無明盡。」「明」與「無明」是互相對立的一對，又「明盡」與「無明盡」亦然。說這兩對都是「無」，從字面上來看，意謂它們都不存在。然而，這樣看是膚淺的；只有從緣起性空的角度切入，才不至於陷入謬誤。

「明」與「無明」，以及「明盡」與「無明盡」都含括在一切法之中。和其他的法一樣，都是緣起的，生的因緣具足了就生，滅的因緣具足了就滅；它們本質上不具有自主性、獨立性和永久性。換言之，它們的生或滅都不是它們自己能決定的；即使它們存在或不存在，也都是暫時的或虛假的。

有知者有朝一日或許陷於無知中，而無知者可能變成有知。事出一定有因，絕對不會無緣無故。預知原因，自然不必擔心後果。總之，一切都在不斷地變遷中，凡夫能掌握的少之又少，唯有持續地努力修行佛法，才能藉智慧離苦得樂。

——原刊於《人生》雜誌 339 期（2011 年 11 月）

04

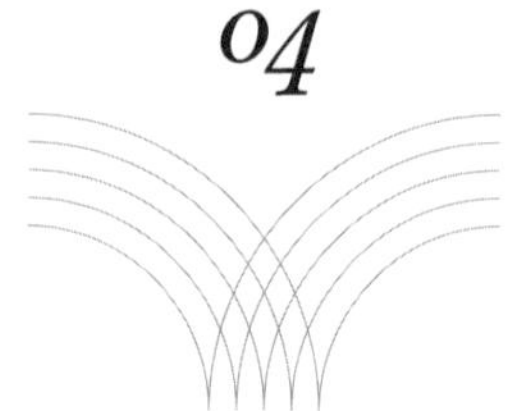

識
vijñāna

在佛典中，與「智慧」或「認知」有關的梵文佛教術語，

包括 prajñā、vijñāna、saṃjñā 等。

從梵文語義來看，

「識」vijñāna 和「般若」prajñā 有什麼差別？

凡夫該如何「轉識成智」呢？

梵本《唯識二十論》說“cittaṃ mano vijñānaṃ vijñaptiś ceti paryāyāḥ”，玄奘譯作「心、意、識、了，名之差別（即同義詞）」，意謂眾生的心識有以下四種作用或功能：積集（或知覺）、思考、認識、顯現。

梵語 vijñāna，在巴利語作 viññāṇa，而漢文音譯作「毘若南」，意譯則作「識」。五蘊中的「識」是認識主體，以色和受、想、行三心所為認識對象。十二因緣中「行緣識」的「識」，指托胎結生那一剎那的識。此外，識也用作心王之名，指精神作用的主體，亦即六識（唯識學派以外的學派之主張）或八識（唯識學派的主張）。識屬於心法，包含以眼等根（即感官）為所依、以色等境（即對象）為所緣的眼等識。

識：精神作用的主體

眾生藉眼、耳、鼻、舌、身、意等根，去了知色、聲、香、味、觸、法（即別法處，指受、想、行三蘊）等境，而識就是認識作用發起那一剎那的主體。對於宇宙萬物，佛教一般從它們各具特色而為眾生所了解這一點，泛稱它們為「法（dharma）」。其中，唯識學派特從認識的角度將「諸法」稱為「所知」，意謂被認識的對象。然而，在面對不論是精神的或物質的種種事物之際，眾生通常用什麼辦法、以什麼態度去了解它們呢？

每天從早晨睡醒起床到夜晚上床入眠之間，除了日常工作外，大家也可能遭遇很多自找的或別人給的麻煩。如何是好？當然，它們之中有些或許很容易處理，有些則不然。想排除麻煩一定要靠智慧以及基於智慧而設想出來的「方便（即方法）」。

然而，智慧有大小正邪之分：大智慧幫忙解決大困難，小智慧則只能對付小麻煩；正智慧可用以處理事情，邪智慧則反而製造問題。以上所說「要靠智慧」，當然指的是大智慧、正智慧，而不是小智慧、邪智慧。

與「智慧」或「認知」有關的梵文佛教術語有好幾個，例如 prajñā、vijñāna、saṃjñā 等。其中，vijñāna 是由接頭詞 vi、動詞語根√jñā-9 和中性名詞語基構成音 ana 構成的中性名詞。vi 的意思是「分開」、「遠離」、「消失」，√jñā-9 則為「認識」、「了知」，ana 表示動作的名稱、動作所必要的器具及動作地點。若取 vi 為「分開」之意，則 vijñāna 可解作「分開地認知」，即不是像 prajñā 那樣「直接地從而全面地、徹底地認知」，而

是「分開地從而局部地、淺顯地認知」；若取 vi 為「遠離」、「消失」之意，則 vijñāna 等同「不認知」。更進一步，vijñāna 或許也可意謂：認識主體處在和被認識的對象分開或遠離的狀況下發起認識作用，亦即認識主體沒有扣緊或聚焦在被認識的對象上去了知它。這樣會造成什麼結果，當然不言而喻。

識與般若大不同

依據以上的解析可知：vijñāna 和前述 prajñā 最大的差別，應該不在於「認知」這個動作本身，而在於認知的方法、認知的態度。不同的認知方法或態度導致不同的認知結果。從半開的窗子遠眺天空和躺在一望無際的大草原上仰望天空，所感受到天空應該大大不同吧。總之，prajñā 是全面、直接、徹底地認知，因而它具有積極、正面的功能，而 vijñāna 由於是片面、間接、膚淺地認知，以致它的功能是消極、負面的，乃至錯誤的。

因此，說凡夫有六識，乃至八識，就是說他有六個乃至八個錯誤的認識主體。他透過眼、耳、鼻、舌、身、意六根去認知的色、聲、香、味、觸、法六境，是虛而不實的，因為六個或八個認識主體——眼、耳、鼻、舌、身、意六識，或再加上染汙意和阿賴耶識而成八識——本身就會認識不清。總之，凡夫的認知不是錯一半就是全錯；而不論錯多或錯少，都不能以為對。

識為什麼是錯誤的？這真的是大哉問。說識不正確，除了與以上所說的認知方法和認知態度有關外，另有一個重要原因，即：愚癡無聞的凡夫在發起認識時，他的心是與「無明」相觸的。就是眾生這個內在的「無明」導致他的認知有所偏差。眾生的心若黏上一層無明之膜，他的智力就衰退，以致認識不清或謬誤，就像眾生的眼睛長了白內障，視力就很差，以致連眼前的東西都看不清或看錯那樣。當人們的認知謬誤時，他們想的、說的、做的，亦即他們的身、口、意業，一定跟著錯。結果不但自己受害，也殃及周遭無辜的人，造成包括自己在內的全體的不幸與痛苦。

所以凡夫第一步要做的就是承認自己會犯錯，接著改過自新——這是最根本的修行。唯識學派所說的「轉識成智」，絕對不是把一個東西轉成另一個截然不同的東西，而只是把一個東西的「錯誤部分」改成「正確部分」。換言之，「轉識成智」是一種心智改革：把錯誤的認識改成正確的認識。

正信的佛教徒，在般若和識二者之中，你選擇哪一個？你的選擇將會決定你趨向聖或俗、悟或迷、淨或染，以致終於成佛或繼續輪迴，能不慎重嗎？

——原刊於《人生》雜誌 338 期（2011 年 10 月）

05

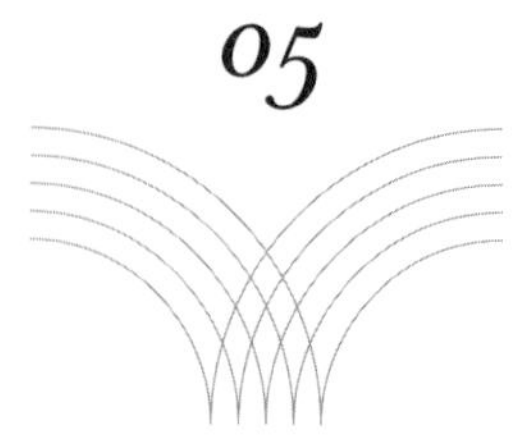

唯識 vijñapti-mātra

玄奘譯《唯識二十論》云：

「心、意、識、了，名之差別。」

其中，「識」是梵文 vijñāna，而譯為「了」的是 vijñapti，

但論名及論中所漢譯的「唯識」一詞，

都是 vijñapti-mātra，

到底，唯識 vijñapti-mātra，應如何理解？

人類不但認定萬物分成精神和物質二種存在，而且分別視此二種為實體；更進而以為：做為人類認知對象的外界事象，包括人類的身體，都是獨立於人類的精神（內心）而儼然實際存在於外界。對人類而言，這是沒有絲毫可疑的常識。

然而，早在三、四世紀，印度有一群思想家對這常識提出質疑，並持續論證它是錯誤的，這些思想家主張「一切唯識」。從字面來了解，唯識的意思是「只有識」，而「識」廣義地說，就是「心」，亦即眾生全部的精神活動。因此，唯識思想也可說是唯心論。其實，在佛教，不論哪一個宗派或在哪一個時代，常保持唯心論的傾向。

斷惑、業、苦，轉識成智

佛教認為：人生在世，時時刻刻遭受種種痛苦折磨，所以「從苦解脫出來」，亦即「離苦得樂」，成為人生的終極目標。這樣了解佛教過於簡單，不算徹底完全，其中有所跳脫。實際上，佛教非常強調因果，即原因和結果。在佛教，苦被視為果，但若從苦果推究苦因，則受苦的原因是造作惡業；反過來說，若不造作惡業，受苦的原因自然就不會成立。那麼，眾生為什麼要造惡業讓自己受苦呢？大哉問！這一切應歸罪於眾生的無明——煩惱。

佛教的因果論不是單線、單向的，而是多層次的。眾生受苦是造作惡業所致，而惡業本身也可說是果；它是煩惱（惑）這個原因所造成的結果。由此可看出：佛教中有「惑、業、苦」一系列的思想。若做更詳細的推究，則如「惡業」可視為因的一面和果的一面，惡業之前的「惑」和之後的「苦」亦然。

佛教說人生是苦，但苦是從什麼時候開始的呢？往前尋找時間的起點，不斷地往前推，總是很難確定它落在何處，但終點是可以期待，即生生世世精進學佛，必有成佛的一天，而那一天也就是「惑、業、苦」徹底結束的時候。這「生生世世精進學佛」就是持續不停地修，但修什麼呢？當然是修心——把染汙的心修成清淨的心，亦即轉識成智、轉染成淨、轉俗成聖。至此不得不說，唯識思想比其他佛教宗派更具有唯心論的色彩。

心意識了，名之差別

世親著、玄奘譯的《唯識二十論》中，以二十首偈宣說唯識思想，並在每一首偈下逐字詮釋。此論漢譯本流傳後世的，以真諦（499 ～ 569）譯《大乘唯識論》和玄奘譯為主。《唯識二十論》的梵文名稱是 viṃśatikā vijñapti-mātratā-siddhiḥ。比對梵文本和漢譯本，漢譯的「唯識」一詞，相當於梵文本的 vijñapti-mātra。又，將梵文本和玄奘譯的內容加以對照，可發現：玄奘譯中的「唯識」一詞，大多是梵文 vijñapti-mātra 一語的翻譯。

「識」通常是梵文 vijñāna 的譯語；「唯識」也常被解作「只有識」。《唯識二十論》第一偈前有一句「心、意、識、了，名之差別（cittaṃ mano vijñānaṃ vijñaptiś ceti paryāyāḥ）」。在此句中，vijñānaṃ 譯為「識」，而 vijñapti 譯為「了」（在《俱舍論》中譯為「表」，如「無表業」）。據此，則梵文 vijñapti-mātra 應漢譯為「唯了」，而漢譯的「唯識」，梵文應是 vijñāna-mātra，但事實不然。難道研究唯識思想的人不會對此產生疑惑？當然會。無論是誰，只要心中有任何疑惑，便應該趕快努力把它排除掉，不可置之不理。

vijñāna 是由有「分離、消失」之意的接頭詞 vi ＋有「認知」之意的動詞語根√jñā-9 ＋表動作名稱、動作所必要的器具，以及動作地點的中性名詞語基構成音 ana 構成的。在唯識思想中，有名為「阿賴耶識」的根本識、染汙意和六轉識，即眼、耳、鼻、舌、身、意六識。這些都可稱為「心」，眾生的一切精神活動都由此發起，因此心（或稱為心識）是認識的主體，有認識的能力和作用；而被心認識的對象（佛教稱為「境」）就成為認識的客體。

可是，vijñapti 是由 vi- √ jñā-9 此一動詞的使役型轉成陰性名詞，即 vi- √ jñā-paya（使役語基構成音）-ti（陰性抽象名詞語基構成音）。依據梵文文法，使役動詞具有令他人做語根所表示的行為，或令處於語根所表示的狀態的作用。據此，vijñapti 有「令知」之意，漢譯作「顯現」、「表示」等。《唯識二十論》將此梵字譯為「了」即是「了別」；精準地說，有「令了知」之意。由此可知，vijñapti 不像 vijñāna 可直接視為認識的主體。它也被英譯為 representation（示現），這樣或許適當些。畢竟 vijñapti 不是 vijñāna；把它和 vijñāna 一樣，英譯為 consciousness（識），確實有些不妥。

那麼，對有「顯現」之意的 vijñapti 應如何了解呢？在唯識思想，vijñāna 依然是認識的主體，但它所認識的對象並非外界的事象（外境），而是由 vijñāna 示現於心識中的 viṣaya（內境），亦即 rūpādi-vijñapti（《唯識

二十論》譯作「色等識」）。簡言之，vijñāna 分成二部分：一是 vijñāna；二是 vijñapti，即由 vijñāna 所示現且成為它的認知對象的 vijñapti。這是唯識思想所特有的，佛教其他宗派不作此主張。由此可知，唯識思想徹頭徹尾是唯心論。它所關注的，全在精神（心識）層面上，而不在物質（色）層面上。

能識所識，不離心識

有些人或許會認為，唯識思想完全否定外界的事象，這點有待論究商榷。按照《唯識二十論》第一偈，內識（vijñapti）生時，似外境（artha）而現（avabhāsa，ava-√bhās-1）。就能（主觀）所（客觀）而言，vijñāna 是「能識」，vijñapti 是 vijñāna 所認識的對象，亦即「所識」。既然「能識」和「所識」都是識，那麼說「唯識」或「只有識」，也沒有不當之處。

又，論中也說 mātram ity artha-pratiṣedhārtham（說「唯」，是為了排除外境），這表示 vijñāna 的認識對象是 rūpādi-vijñapti（色等表識），而非 rūpādyartha（色等境）。由此可知，唯識思想要告訴我們的是：我們的見聞覺知等精神活動，以及其對象都沒有離開我們的心識。因此，我們要努力的就是追求般若智；在得到它的那一刻，心識當然就會由染汙而變清淨。

然而，如何求得般若智，是另一議題。如何令心由染汙變清淨，唯識思想也不是只敘述系統化的理論，它同時也提供步驟井然有序的修行方法。眾生的心識為貪、瞋、癡等煩惱所纏覆時，可以說就是罹患心病之際。想要把心修清淨，必先了解促成心染汙的煩惱。從《唯識三十頌釋論》或《成唯識論》對眾生的煩惱心所做出的深度分析，可知唯識思想在對治眾生由於心識不正確所導致的心理疾病上，頗具效果，這確實值得探究。

——原刊於《人生》雜誌 378 期（2015 年 2 月）

06

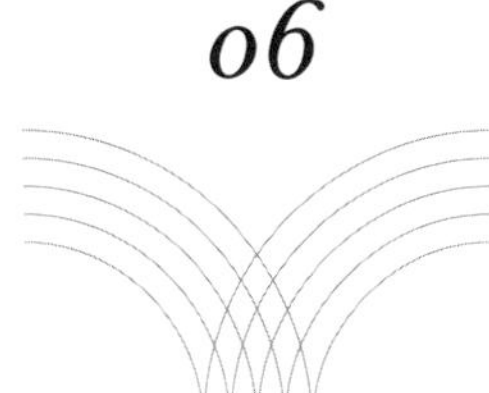

五蘊、五位到五事
——唯識佛教的認識內涵

宇宙萬物一切的存在，即佛教所說的一切法，
到底佛教如何分類？
從原始佛教、部派佛教、大乘唯識佛教，
有五蘊、五位、五事之說，
可知佛教由具象演進到抽象，
精神層面與物質層面都有進展。

所有的存在（一切法）都含有本質和現象。佛教對一切如此的存在如何分類呢？隨著時代和宗派的不同，佛教所做的分類確實可看出一些殊異，但說它有所進展似乎也不妨。

原始佛教：五蘊說

原始佛教所主張的五蘊（pañca-skandha）說，是佛教中最具代表性的存在分類說。五蘊中各蘊的名稱及其意義如下：

1. 色（rūpa）：有顯色（顏色）、形色（形狀）的物質。

2. 受（vedanā）：對苦、樂、不苦不樂的感受作用。

3. 想（saṃjñā）：藉語言認識事物的知覺作用。

4. 行（saṃskāra）：以意志作用為代表的種種心理作用。

5. 識（vijñāna）：認識事物的作用。

其中，色蘊指眾生的肉體，而從受到識四蘊是眾生的精神作用。由此可知：五蘊說把眾生個體的構成要素分成五個。然而，五蘊此自我存在是有為法（現象），而無為法（非現象，本質，真理）不含於五蘊之內。由此可知：在原始佛教，一切存在是以自我存在——現象——為中心來理解，而無為法是在自我存在完全被否定時才會出現。由此可看出：原始佛教把現象和本質視為次元完全殊異的存在。

部派佛教：五位說

進入部派佛教後，各部派的許多優秀論師致力於對一般存在做學術性的分析和闡明。其中，說一切有部的論師確立五位說這個新的存在分類法。五位是指把宇宙萬物分成五大類。此五位中各位的名稱及其意義如下：

1. 色（rūpa）：宇宙間的一切物質。

2. 心（citta）：心之作用的主體。

3. 心所（caitasika）：附隨於 2. 心之作用的種種心理作用。

4. 不相應行（citta-viprayukta）：既非物質（色）亦非精神（心）的存在。

5. 無為（asaṃskṛta）：非生滅現象，而是具有常住性的存在，即真如。

將說一切有部所立的這個新存在分類法，即五位說，與上述的五蘊說加以對比，不難看出前者具有明顯的特徵。首先，就色而言，五位說的色雖也指含有物質性的東西，但它的色有三，列舉如下：1. 五境（外界的東西，即：色、聲、香、味、觸）；2. 五根（肉體的感覺器官，即：眼、耳、鼻、舌、身）；3. 戒體（因受戒而止於體內、令不做惡之力，即無表色）。

其次，五位說將精神二分為心和心所，發覺到心不相應行這類特殊的存在，以及強調無為法，令與有為法（色、心、心所、不相應行）並記，而不像在前揭五蘊說中和有為法很疏遠那樣。由此可看出：五位說比五蘊說在內容上更有擴充，也更詳細。人類的思想畢竟是在逐漸向前進展的！

唯識佛教：五事法

佛教由原始佛教時代歷經部派佛教時代，接著進入大乘佛教時代。唐代，義淨（635 ～ 713）到印度學習佛法時，他在那裡看到佛教思想的主流是中觀和唯識。可見唯識思想的重要性有多大。

關於存在的分類法，唯識思想完全承續說一切有部的五位說，亦即把所有的存在分成五大類：色、心、心所、不相應行和無為。由此可知：印度佛教的存在分類法之中，五位法已成定論。部派時代的說一切有部和大乘時代的唯識思想，對存在的分類已無異見。它們殊異的只在每一類的細項數目有所差別而已：根據《俱舍論》，說一切有部立五位七十五法，即：構成五位的要素有七十五個，而唯識思想一般說五位百法，即設定一百種存在要素（請見文末附表）。

除了五位百法外，唯識思想還具有一種獨特的存在分類法。這種分類法異於上述各種存在分類法，如五蘊說、五位說；可以說是唯識思想獨有的。此一唯識獨有的存在分類法稱為五事說。所謂五事，指：1. 相；2. 名；3. 分別；4. 正智；5. 真如。此五事中各事的名稱及其意義如下：

1. 相（nimitta）：認識對象的形狀、相貌、性質，以及發起語言活動的原因。

2. 名（nāman）：指示上述那樣事物的語言。由於 1. 相和 2. 名，具體的語言活動乃至對語言的思考才宣告成立。

3. 分別（vikalpa）：所有的精神活動或心之認知的過程。

4. 正智（samyag-jñāna）：看清真理的正確智慧。

5. 真如（tathatā）：存在（法）未被歪曲的本來真實狀態，亦即究竟的真理，為正智的對象。

日常的認識指：1. 相、2. 名、3. 分別，而超日常的認識指：4. 正智、5. 真理。佛教所追求的超日常智慧的世界，即是由正智和真如構成的世界。

五蘊說、五位說與五事說，是佛教各宗派對一切法（所有的存在）的分類方法。首先，原始佛教透過五蘊說觀察五蘊此一自我存在；其次，部派佛教透過五位說觀察一切法；隨後，唯識佛教再回頭觀察個人的主體，並透過五事說，從認識論的視野觀察一切法，將一切法當作個己精神內的位相差別而加以分類。關於一切法，不同的佛教宗派在不同的時代提出不同的分類方法，可見它在佛教思想中是一個很重要的課題。

眾生一天一天地生存下去，不僅必須藉由他的五蘊（身心），而且還要仰賴環繞在他四周的生態環境、以及超越那身心和生態環境的絕對真理（真如）。眾生要活得好，這些生存要素勢必要很協調、相安無事。只要其中任

何一項出問題、有毛病，眾生要一天接著一天生存下去，並活得好端端的，就會變成奢望苛求。

因此，把自己的身心和周遭的生態環境用心照顧好，是眾生應盡且絕對不可忽略的義務和責任。上述那超越眾生的身心及其所依止的生態環境的絕對真理，就是在指導眾生如何好好保護自己的身心及周遭的生態。這三方面完美配合所成就的，即是幸福——佛陀教化眾生離苦得樂的理想目標。佛弟子應該學習的功課很多，能不加緊努力嗎？當然必須全力以赴。若曠日廢時地懈怠荒廢，則踏入悽慘的歧途——三惡道，是可確定的下場。

佛法內涵：心有智

以下就上述的五蘊說、五位說及五事說，更進一步略作說明。首先就五蘊而言：1. 在色蘊方面，要設法促使身體健康；2. 在受蘊方面，要有清晰的感受；3. 在想蘊方面，要培養語言能力以便有正確的知覺；4. 在行蘊方面，要有堅強的意志；5. 在識蘊方面，要盡量避免扭曲錯誤的認識。

其次，就五位而言：1. 色位接近色蘊；2. 心位接近識蘊；3. 心所位接近受、想、行三蘊；4. 不相應行與 5. 無為，在五蘊說中缺。其中，不相應行指既非物質亦非精神的存在，而無為（無造作）係有為（有造作）的相反；此二者亦應列為眾生主觀心識所應認知的對象。由此也可看出：佛教認知的範圍已逐漸擴充，由具象演進到抽象；精神層面與物質層面都有進展。

最後，五事說為唯識思想所獨有。簡單地說，就是將日常的認識（相、名、分別）做質的轉換而成為超日常的認識（正智、真如），亦即「轉識成智」——唯識思想的終極目標。

總之，由佛法的內涵可確知：佛教是一個非常重智的宗教。當然它所重的智不是指社會科學和自然科學的專門知識，而是指心智。心有智，心才會清淨；心清淨，環境才會美好——「心淨國土淨」。

附表：五位百法

<table>
<tr><td>心法（8）</td><td colspan="2">眼識、耳識、鼻識、舌識、身識、意識、末那識、阿賴耶識</td></tr>
<tr><td rowspan="6">心所法（51）</td><td>遍行</td><td>觸、作意、受、想、思</td></tr>
<tr><td>別境</td><td>欲、勝解、念、定、慧</td></tr>
<tr><td>善</td><td>信、慚、愧、無貪、無瞋、無癡、勤、輕安、不放逸、行捨、不害</td></tr>
<tr><td>煩惱</td><td>貪、瞋、癡、慢、疑、見</td></tr>
<tr><td>隨煩惱</td><td>忿、恨、覆、惱、嫉、慳、誑、諂、憍、害、無慚、無愧、惛沉、掉舉、不信、懈怠、放逸、失念、散亂、不正知</td></tr>
<tr><td>不定</td><td>悔（惡作）、眠、尋、伺</td></tr>
<tr><td>色法（11）</td><td colspan="2">眼根、耳根、鼻根、舌根、身根、色、聲、香、味、觸、法處所攝色</td></tr>
<tr><td>不相應行法（24）</td><td colspan="2">得、命根、眾同分、異生性、無想定、滅盡定、無想事、名、句、文、生、老、住、無常、流轉、定異、相應、勢速、次第、方、時、數、和合、不和合</td></tr>
<tr><td>無為法（6）</td><td colspan="2">虛空、擇滅、非擇滅、不動、想受滅、真如</td></tr>
</table>

──原刊於《人生》雜誌 379 期（2015 年 3 月）

07

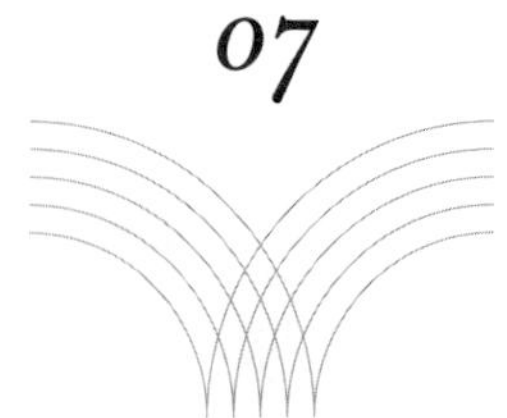

略說八識

唯識思想家提出「八識說」，

即前六識加上第七「末那識」與第八「阿賴耶識」，

其中，阿賴耶識是七識與有根身，

以及一切所依止器世間的根源體。

認識了八識，更要進一步透過佛法的修行、實踐，

來「轉識成智」，

才能讓眾生轉染成淨、離苦得樂。

「唯識」既然意謂「只有識」，那麼接著就要問：「識有哪些種類呢？」依據唯識思想，識有：

1. 阿賴耶識。

2. 末那識（染汙意）。

3. 眼、耳、鼻、舌、身、意六識。

總共有八種類的識，唯識思想的「八識說」就是在論述此八識。又，此八識也常被說為「八識田」；這是把八識比喻為田。

先說阿賴耶識，但說到它，就難免會說到它和七識的關係。和有根身（肉體）以及器世間（自然界）一樣，七識（眼識……末那識）也生自阿賴耶識。唯識思想在六識（眼……意識）的深處，立末那識這個「自我意識」，並立阿賴耶識這個生出七識的「根源體」。總而言之，阿賴耶識是所有眾生自己的七識和有根身，以及他們全體所依止之器世間的根源體、依處、住宅……，亦即阿賴耶識被視為宇宙萬物（一切存在，包括精神與物質）的總基體。由此可知：八識不是一種單純的並列關係，而是一種複雜的根源與枝末的關係。

佛陀在數十年的弘法生涯中，曾說過：「只有業（karman），沒有作者。」這意謂業的作者死後不再留在世間，但他所做的業會一直傳下去，影響他的生生世世。由此看來，業不會是一種純屬物質的東西，因為沒有任何物質能永傳世間、長久不壞。然而，無論如何，這說法確實困惑部派佛教時代許多優秀的論師——佛教思想家。既然沒有業的作者，那麼，誰因業報而受輪迴之苦呢？他們努力探索，結果陸續提出如下的假定：在眾生身體與六識（眼、耳、鼻、舌、身、意識）的深處，有某個潛在的輪迴主體；不同的部派賦予它不同的名稱，如：有分識、窮生死蘊、非即非離蘊我、細意識。

阿賴耶識，總根源體

然而，在印度進入大乘佛教時代後，與中觀派並列為大乘兩大宗派的瑜伽行派，提出更精密的輪迴主體即阿賴耶識說，並主張：被凡夫認為真實的外在現象和內在精神，其實都只是阿賴耶識——最究竟的存在、最根本的心理活動——所表現出來而令知的。這是唯識思想的根本定義，就字面來說，阿賴耶是梵文 ālaya 的音譯，而 ālaya 是由接頭詞 ā +有「隱藏」、「潛在」等意的動詞語根 √ lī-4 所構成的（ā- √ lī-4 → lay-a ＝ ālaya），意謂「住

所」、「家宅」等。

從存在論而言，阿賴耶識是生出一切存在（包括自己在內的宇宙萬物）的根源體，然而，不只如此，從認識論說，阿賴耶識也是「識」——感覺、知覺、意志、思考等具體心理活動的總稱，因此它也有自己的認識對象和認識作用。它的認識對象是種子、有根身和器世間，而它的認識活動微細到不可知的程度，因此被認為是深層心理，亦即潛意識（subconsciousness）或無意識（unconsciousness）。

含藏種子，轉依動力

其中，種子的定義是潛在阿賴耶識中能生自果的「功能差別」。所謂「功能」是「力」、「能力」之意，而差別意為「特殊」、「殊勝」。因此，種子可說是「能生出自己的殊勝力量」。又，種子有二類：1. 業種子（異熟習氣）；2. 名言種子（等流習氣）。就性質而言，種子有善有惡，但阿賴耶識既不是善也不是惡，亦即無記。

阿賴耶識也被稱為一切種子識（sarvabījaka-vijñāna），即：其中含有許多種子之意。當眾生在凡夫的階段時，他們的阿賴耶識中，既有善種子，也有惡種子。然而，透過佛法的修行使阿賴耶識全體只充滿善的種子時，則不只自我存在（身心）完全地且根本地變善，而且由它生出的一切事物也都達到善的狀態。由此可知：阿賴耶識是眾生轉惡向善（轉依）的媒介乃至動力因；又，它做為一切存在的根源體，也可被視為蘊含倫理及實踐的意義於其中。從凡夫到成佛的人格發展是佛教修行的本質，而人格向上的發展意謂阿賴耶識本身在「質」方面的提昇。

從以上對阿賴耶識的闡述，可知它含有存在、認識和實踐三個層面。在唯識思想中，把存有論和認識論統一起來的，是實踐論——佛教的真髓所在。對佛法只求知而不盡力修行，究竟跳不出三界六道輪迴！做一個佛法實踐者真的比做一位佛教學者更重要。前者或許對佛法了解不夠透徹，但至少能奉行自己所知的佛法，而後者即便有豐富的佛學知識，也未必能奉行，因為有知識也不一定有信仰心。切記：《雜阿含經》中每一小經都以「歡喜奉行」結束。行確實比知更重要，也更必要。

六識七識，意大不同

次說末那識。第七「末那識」一語中，末那是梵文 mano 的音譯，而識是梵文 vijñāna 的意譯，因此末那識的梵文不是應作 mano-vijñāna 才對嗎？不然。mano-vijñāna 是指第六識，即意識。至於第七末那識的名稱在梵文佛教典籍中被使用的是 kliṣṭam manas（染汙意）。其中，kliṣṭam 是√kliś-ta（ppp.，過去被動分詞）＝kliṣṭa，再轉作形容詞，修飾 manas，而 manas 是由√man-4+as（中性名詞語基構成音）做成的；漢譯為思量，有考慮、思考等意。

第六識和第七識都標舉「意（manas）」，即都同屬於「意」的領域，為何又一分為二（末那識和意識）呢？第六的意識是把五蘊（色、受、想、行、識）的結合體認為是自己的自我意識；它的根本作用是了別。此外，在通常的意識（五蘊中的識，即：眼、耳、鼻、舌、身、意六識中的意識）的深處，發現另有潛在的自我意識存在。上揭末那識即是這個自我意識。此末那識的根本作用是觀察阿賴耶識——末那識的出生處，並且把它視為「自我」，對它生起執著。由此可知：末那識或染汙意中的 mana，和第六識中的 mana 是有些差別的。又，末那識含有我見、我癡、我慢和我愛四種煩惱；若它持續活動，它會成為煩惱障。因此，不祛除它，眾生勢必不得清淨。

最後說六識。六識中的前五識（眼、耳、鼻、舌、身識）各有自己的認識能力和作用，例如：藉眼識可看到東西，藉耳識可聽到聲音，藉鼻識可聞到香味，藉舌識可嘗到味道，藉身識可觸到事物，但它們不能分別所看到的東西是什麼樣的東西，所聽到的聲音是什麼聲音，所聞到的香或臭味是什麼香或臭味，所嘗到的味道是什麼味道，所觸到的東西是什麼東西，只有交由第六意識去做出分別的作用，亦即只有此意識才能知曉、分別所看到的、所聽到的、所聞到的、所嘗到的、所觸到的是什麼。萬一意識在與癡相應下做了錯誤的判斷，它就成為所知障。這樣重大的事能不謹慎處理嗎？

轉識成智，離苦得樂

在對八識有初步的了解後，接著要做的就是將它們轉成智慧。至此才算解行圓滿。茲將八識各個轉成的智列舉如下：

前五識→成所作智。

意識→妙觀察智。

末那識→平等性智。

阿賴耶識→大圓鏡智。

若眾生能圓滿地轉識成智，則必能轉染成淨、轉凡成聖，亦即能離苦得樂——釋迦牟尼佛弘法數十年的目的所在。

——原刊於《人生》雜誌 380 期（2015 年 4 月）

08

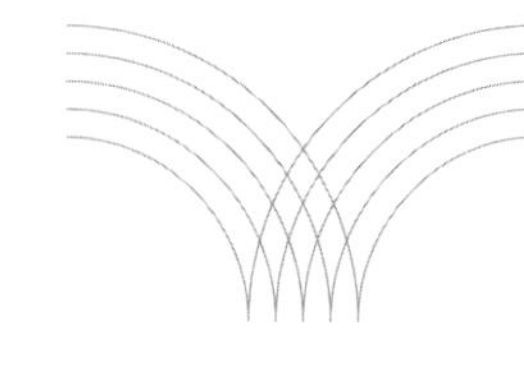

識轉變 vijñāna-pariṇāma、轉依 āśraya-parāvṛtti

唯識思想中，

有「識轉變」和「轉依」的觀念，

此二者各具有什麼意義？

在由凡轉聖、轉識成智的修行過程中，

「識轉變」和「轉依」又扮演什麼角色？

唯識佛教最核心的思想，是主張凡夫的認知是不正確的。唯識學者提出許多術語，以便從各種角度來論述這點，例如：識轉變（vijñāna-pariṇāma）與轉依（āśraya-parāvṛtti）。

「識」宜從三方面去了解，即：主體、作用及目的。識是認識的主體，即凡夫心；又，它會生起錯誤的認識作用。眾生若一再地犯錯，永無止息，下場不就很慘嗎？因此，必須把識翻轉，由不正確變成正確，這是說「識」的目的所在。

就理智而言，人類對自己的人生負有一個使命：隨時隨地提昇自我。以下所述中，「識轉變」偏重認識主體及認識作用；而「轉依」則以修行佛法為主。

依八識分，轉變有三

「識轉變」是世親論師所提出的新術語。「轉變」是梵文 pariṇāma 的漢譯，是由有「普遍」之意的接頭詞 pari ＋有「彎曲，傾向」之意的動詞語根√nam-1 ＋名詞語基構成音 a 所構成（pari-√nam → nām-a ＝ pariṇāma）。安慧論師將 pariṇāma 註為 anyathātva，有「殊異」的意思；因此，pariṇāma 意謂「變異」、「變化」。

然而，在世親著《唯識三十頌》和安慧著《唯識三十頌釋論》都作「識轉變」，即：識的轉變（vijñānasya pariṇāma），指轉變為識所具有，因此梵文 vijñāna-pariṇāma，在六離合釋（六種複合詞）中，屬於依主釋（屬格關係），係主流的解法；不過，日本佛教學者上田義文（1904 ～）另有不同的看法，他主張「識就是轉變」。

識轉變由「識」和「轉變」兩個名詞組成。前者「識」有八個：眼、耳、鼻、舌、身、意六識，七染汙意、八阿賴耶識，而後者「轉變」配合此八識而分成三種：1. 阿賴耶識為異熟轉變；2. 染汙意為思量轉變；3. 眼等六識為了別境轉變。

在一期生命結束時，本來安危同一的心與身分離，阿賴耶識帶著這一期新增添的種子，以一個嶄新的生命形態出現，此即唯識思想所說的「異熟轉變」。在新一期的生命開始時，也就是新的阿賴耶識生起時，新的末那識和眼等六識隨之生起。說此八識新，是意謂它們都異於上一期生命所具有的八識，而它們所以新，是因為在上一期生命中有新的種子加入。結果是每一期生命的內涵都不盡相同：前前期的阿賴耶識為因，後後期的阿賴耶識為果。

其次，關於「思量轉變」，那是染汙意，亦即末那識所生起的變異。「末那」為梵文 mano（manas → mano）的音譯，有「思量」之意，它生自根本識即阿賴耶識。此二者同屬於深層心理；它們的認識作用微細到任何凡夫都不能以意識去經驗，因此說它們不可知（asaṃvidita），是潛意識（subconsciousness）或無意識（unconsciousness）。末那識帶有我癡、我見、我慢、我愛四種煩惱；它在意識的深處「恆審思量」，並執著阿賴耶識，以它為自我。

最後是「了別境轉變」，「了別」是認知、理解的意思。「境」指認知、理解的對象，指一般事物。眼等六識具有了別境的能力，但此六識中，前五識亦即視覺、聽覺、嗅覺、味覺、觸覺，原則上不會錯執事物本身，但第六意識可能產生錯覺。前五識將它們所收集的事物的狀態提供給負責了別的意識，但若意識為無明所覆，則意識就會產生錯覺。

此識轉變，具染汙性

與煩惱相應的八識，它們能轉變出非常完美的結果嗎？

如上述，轉變（pariṇāma）有變化之意，但在唯識思想中，變化並非藉著他力而生起，反而是藉著自己內在的力量、由內發出來的。安慧論師更對轉變做進一步的詮釋：「轉變是在與因剎那滅的同時，果異於因剎那而生（kāraṇakṣaṇanirodhasamakālaḥ kāraṇakṣaṇavilakṣaṇaḥ kāryasyātmalābhaḥ pariṇāmaḥ）。」由此可知：轉變之意謂「殊異」，乃是指果之階位異於之前的因位，所以轉變不僅指轉變的過程，而且指轉變的結果。

當一期生命結束時，異熟轉變（阿賴耶識）再度生起，也就是說，新一期的生命開始了。上一期生命的阿賴耶識在過去業的牽引下，帶著上一期新添的業種子（異熟習氣）和名言種子（等流習氣），以一個新的狀態再度流轉於三界六道中。除有根身和器世間外，這新一期的阿賴耶識又再生出新的染汙意和眼等六識。在八識中，不論哪一個識，都難免受過去業的影響。凡夫就是如此，生生世世在輪迴中受種種苦，只因他們不知道學習、實踐佛

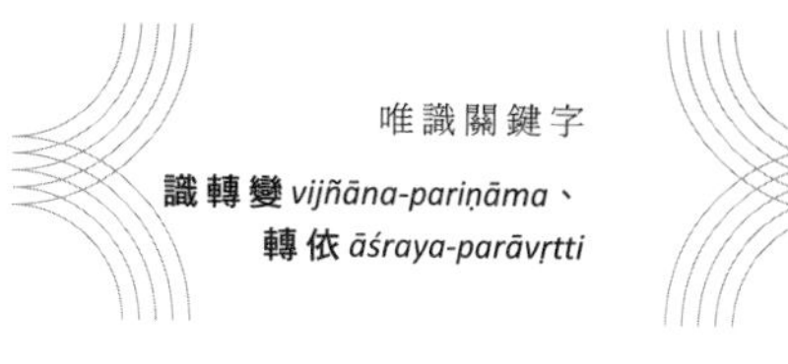

法——離苦得樂之道。

「轉變」一語出自古印度六派哲學之一的數論（saṃkhyā）派，但世親論師將它引入唯識思想，而製造出一個新的術語：vijñāna-pariṇāma（識轉變），也使唯識思想具備更豐富且深奧的內涵。依據《唯識三十頌》的第一頌，可知：任何我與法的假說，都是在識轉變中進行的。「假說（upacāra）」指譬喻性的表現，亦即和原意（第一義）相對，而同於引申意（第二義）。凡屬「假說」，就不會原封不動地把實物呈現出來，反而很容易藉由概念而陷入把「無」說為「有」等的錯誤中。

vijñāna-pariṇāma 中的 vijñāna 是由有「分離」、「錯誤」之意的接頭詞 vi +有「知道」、「辨別」、「理解」之意的動詞語根√jñā-9 而構成的名詞。它是全部心理活動的主體的總稱。有情眾生的心理活動，過去說為見、聞、覺、知等，現在則說為感覺、知覺、思考、感情等。在√jñā 前加上 vi，因而 vijñāna 有負面、不正確的意味。由此可確定：識轉變不可能是清淨的，反而具有染汙性。就心理活動而言，愚癡無聞的凡夫確實異於已轉識成智的聖賢。

錯誤認識，即妄分別

又，世親在《唯識三十頌》中說：「此識轉變是妄分別（vijñānapariṇāmo 'yaṃ vikalpo）。」（第十七頌）安慧論師註釋此頌說：「……三種識轉變……即是妄分別。妄分別有被增託境的行相——屬於三界的心心所。」在漢譯，「妄分別」也被直譯為「遍計（parikalpa）」；其中，「妄」意謂荒誕不實，「分別」做為佛教術語，有探求、妄想、執著等意。依據安慧的註釋，妄分別是屬於三界、具有可以善、惡、無記加以記別的心心所；它的所緣（被它認識的對象）是透過妄想而被增託出來的事物，因此絕非實有。

人類日常的認識作用必定成立於主觀（能認識的心）和客觀（被認識的物）二元的對立上；然而，當主觀錯誤時，客觀就會被扭曲。世親論師以識轉變為妄分別，亦即表示不論識轉變或妄分別，都是不正確的認知、感覺，而眾生生生世世輪迴受苦，就是錯誤認識所致。

依據唯識思想，一般愚癡凡夫容易傾向在主觀上，誤以為客觀的對象真實地存在於精神領域（識）之外，而貪、瞋、癡等煩惱就是伴隨這個錯誤認識而產生的，因此唯識思想的實踐方法和祛除錯誤認識緊緊連結，而信奉唯識思想者也被要求應努力修行它所提供的方法；不但要把錯誤認識改正，而且要更進一步增長種種智慧。

轉所知依，轉凡為聖

而在這個轉識成智的過程中，把藏於阿賴耶識中的、染汙的異熟習氣（業種子）和等流習氣（名言種子）全部改為善種子；這時識已被轉成智（成所作智、妙觀察智、平等性智、大圓鏡智），成為大菩提，接著以智證得大涅槃（離垢真如）。在唯識思想，與「真如」有相同意義的尚有：圓成實性、空性、實際、無相、勝義和法界等術語。

在《成唯識論》卷三中，可看到阿賴耶識七種不同的名稱：1. 心；2. 阿陀那；3. 所知依；4. 種子識；5. 阿賴耶；6. 異熟；7. 無垢識。此七種名稱從各種角度表現阿賴耶識的作用和特質。

轉阿賴耶識亦即是轉依，由此可知：轉依（āśraya-parāvṛtti）的「依」就是依他起性，即眼等六識、末那識以及做為它們之根本的阿賴耶識。又，《攝大乘論》以阿賴耶識為所知依。其中，所知指被認知的一切法，而阿賴耶識為一切所知法所依止。因此，轉依也是轉所知依，而轉所知依即是轉阿賴耶識。

由上述可知：識轉變是在凡夫的階位，而轉依已進入聖賢的階位。識轉變到轉依，可說是一條由凡轉聖的途徑。而在這條途徑中，佛弟子應努力將錯誤的識改為正確的智，才有證成佛果的一天。

——原刊於《人生》雜誌 381 期（2015 年 5 月）

09

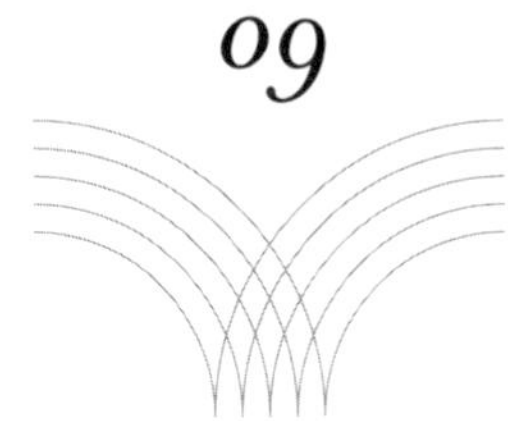

三自性
trividhaḥ svabhāvaḥ

唯識佛教將眾生的認識狀況分成三類，即三自性：
依他起自性、遍計所執自性、圓成實自性，
當心（依他起自性）對自我和外界事物
生起執著（遍計所執自性）時，
就成為迷的世界；
相反地，若心對一切事物毫無執著（圓成實自性），
則成為悟的世界。

「三自性說」和「阿賴耶識說」一樣，都是唯識佛教特有的重要思想。唯識佛教只承認「識」的存在，而「識」是眾生的認識，但唯識佛教把認識狀況分成三類，即三自性（trividhaḥ svabhāvaḥ），如表：

三自性	trividhaḥ svabhāvaḥ		
梵文	1. paratantra-svabhāva	2. parikalpita-svabhāva	3. pariniṣpanna-svabhāva
陳真諦譯	1. 依他性	2. 分別性	3. 真實性
唐玄奘譯	1. 依他起自性	2. 遍計所執自性	3. 圓成實自性

然而，依他起自性中的「起」、遍計所執自性中的「所執」，以及圓成實自性中的「實」，都是玄奘自動添加的，表示他個人的見解；梵文中並沒有與它們相應的字。

三自性說，依互生滅

「自性」的梵文 svabhāva，是由前語 sva（形容詞，意謂「自己的」），和後語 bhāva（名詞，「體性」之意）形成的；其中，bhāva 是由有「存在，發生」

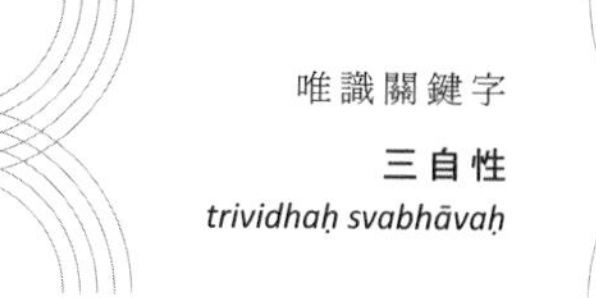

之意的動詞語根√bhū-1＋名詞語基構成音 a 所做成的（√bhū → bhau → bhāv-a ＝ bhāva），漢譯有「體」、「性」等。綜而言之，svabhāva 意謂固有的狀態、先天的性質，漢譯作「自相」、「體性」、「實體」、「自然本性」、「自體」等。

（一）依他起自性

首先，依他起自性意謂「有藉他力生起的性質的事物」，指被稱為分別、妄分別或虛妄分別的八識，即：眼、耳、鼻、舌、身、意、染汙意、阿賴耶八個識。據此可察知：唯識佛教強烈地傾向認為，心識所發起的種種活動，如感覺、覺知、情緒、思考等（能取），是錯誤的；換言之，它強調使用語言做概念性思考的謬誤性。

「藉他力生起」即是梵文 para-tantra 的意譯。在 para-tantra 中，前語 para 有「他」之意，指他力，而後語 tantra 有「與……關聯」、「依賴……」。因此，para-tantra 被漢譯為「依他」，意謂「依賴他力」。此處所謂的「他力」，主要指心所認識的對象（所取境）；也就是說：心的一切作用或活動，如感覺、知覺、思考等，並非藉它本身之力而生起，而是藉其他力量生起的，例如所取境。

（二）遍計所執自性

其次，遍（pari）計（kalpita）所執自性意謂「具有被思考的性質的事物」；「被思考」是梵文 parikalpita 的意譯；日本唯識學者把它譯為「被構成」、「被妄想」。然而，此一梵文主要的意思是「藉語言將某物概念化為……」。總之，被概念化的事物，就唯識佛教的術語而言，是境（viṣaya），即：遍計所執自性是「被假定真實地存在於外界的對象」。隨著妄想，此一心識的認知活動剎那生、剎那滅，永無止日；即使一期生命結束，那也只是色身壞敗，阿賴耶識繼續以另一種形式流轉於六道。凡夫所妄想的事物也就無數無量。僅就這點思考，就可推知：其實凡夫活得很「忙碌」，無一刻得閒。不只如此，凡夫更是時時刻刻都活在錯誤中，因為所有的妄想沒一個是正確的，以致被它們引生出來的身、口、意三業，不可能是善業、福業。

（三）圓成實自性

最後，圓成實自性意謂「有被完成性質的事物」，但

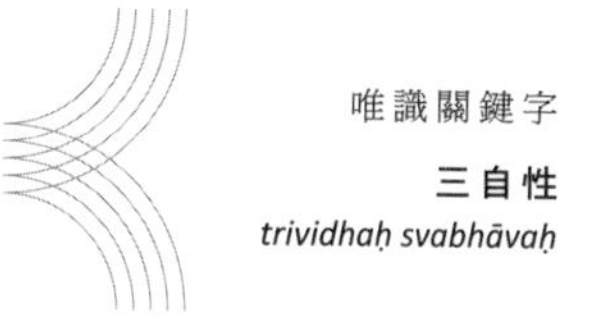

玄奘認為它具備圓滿、成就、真實，即「圓、成、實」三個意義。真諦把 pariniṣpanna（圓成）-sva（自）-bhāva（性）譯為「真實性」，應是認為它有「真實的事物」、「被完成的究竟的事物」之意。綜言之，就主觀認識方面而言，它是真實認識的狀況，但就客觀被認識方面而言，它是既真實又絕對的事物。一言以蔽之，圓成實自性指「真實的事物」；以唯識佛教的術語來說，即是「二取（能取和所取）空所顯的真如」。

以上就三自性個別說明，但這並不表示它們彼此沒關係。唯識佛教認為，就三性而言，是以依他起自性為基礎，而與遍計所執自性和圓成實自性產生關聯：依他起自性上「有」遍計所執自性生起，即心識此一認識主體，藉語言將被誤以為真實地存在於外界的境——被認識的對象——加以概念化或妄想；它是指現實的迷的世界。相反地，若從依他起自性「除去」遍計所執自性，則「成」圓成實自性，即悟的世界。具體地說，若心（依他起自性）對自我和外界事物生起執著，則成為迷的世界；相反地，若心對一切事物毫無執著，則成為悟的世界。

見於上文的「執著」一詞，從字面上看，有「某人對某物堅持不放」之意。為什麼他會放不下？因為他認為那東西確實存在，例如，執著名利權位的人，不可能相信這些東西本質上是無常無我的，即虛假不存在的、絕非他能永遠持有的。「自己的心識之外，有自我及眾多外界事物存在」，是愚癡無聞凡夫錯誤卻牢不可破的成見。這種心的狀態，就是以上所說的「依他起自性上有遍計所執自性生起」，亦即心識已執迷不悟。

相反地，如果能像聖賢那樣，覺知自我和眾多外界事物，都只是自己的心識揑造出來的影像，並未真實存在，就像電影院內的螢幕上，許多角色演得很熱鬧，不論演的是悲劇或喜劇，觀眾的情緒都隨著劇情的高潮低潮而起起伏伏。其實螢幕上是空白的，內景、外景、男女主角等全無，只有觀眾的心在瞎忙，什麼也沒有。這種說法，哪一個人肯相信呢?!

執著與否，迷悟一線

唯識佛教不是只告訴迷而不悟的凡夫：「一切都是唯識，一切只是心識造出的假象。」讓聽了信以為真的人內心難過，以為「完啦！什麼都沒有了」；而聽了不相信

的人認為這種說法不合「理」（他自以為的「理」）。說一切都是虛幻無實，絕非唯識佛教的終極目標，點醒凡夫認識自己的錯誤，只是它教化大眾的第一步。接下來，它要做的是：教導凡夫如何把他們對事物的錯誤看法改成正確。

當下直接了當地承認自己的謬誤，絕對不是常與煩惱為伍的凡夫做得出來的；他做得到的是：把別人的對拗成錯，而把自己的錯拗成對，於是陷入痛苦的深淵而難以自拔，而所促成的不堪後果，概由他自己去承擔。又，凡夫即使明知自己有錯，也常為了保住自己的面子——六根本煩惱之一的「慢」所致——而死不認錯，甚至不願改正，或即使修改，也很難有始有終、堅持到底。

唯識佛教看清凡夫的問題所在——「對事物的錯誤看法」，因此提出「改正對事物的錯誤看法」的教法，這才是它所要追求的最大目的。然而，如上述，要凡夫改變他對事物的錯誤看法，絕對不是一件簡單的事。凡夫的執著心不會迅速消除，只有藉著長年累月的努力，把執著從心的根底徹底除去；就唯識佛教而言，就是唯有改變自己的阿賴耶識的狀況，眾生才可能由凡轉聖。

阿賴耶識是凡夫自我的根源，同時也是宇宙全體存在的根源，只有對它進行改革，才能改變對自我和事物的錯誤看法。阿賴耶識是就凡夫而言；若談及成佛者，則要改說為「大圓鏡智」，因為到了佛的階段，謬誤雜染的識已被轉成真實清淨的智。

由識轉智，轉凡成聖

本文中的「三自性」說，也是用來闡明「由識轉智」的過程。其中，依他起自性是指諸識，它們的作用或所做的活動是分別或虛妄分別，即錯誤的認知，唯識佛教的術語作「能取」（心，亦即能認知的主體），但因為諸識的認知大有錯誤的可能，於是眾多被認知的對象（「境」，亦即唯識佛教所說的「所取」）被遍計（妄想）出來，眾生因而沉入苦海。唯有在空掉「能取」和「所取」，亦即「二取空」後，眾生才能離苦得樂，進而轉凡成聖。

從三自性的角度，可看到眾生的存在、認識和實踐；反之亦然。因此，說唯識佛教提供頗具實用性的理論，絕無誇大之處。佛弟子應先在佛陀的種種教理中，選擇與自己最相應的一種後，努力修學；全力以赴，才可能有成就，否則就白來這一回了。此外，也要常提醒自己順著寬

廣的菩提道前進，而別岔開走入狹小的歧路——邪道，這是我們做為佛弟子極為重要的唯一選擇。

——原刊於《人生》雜誌 386 期（2015 年 10 月）

10

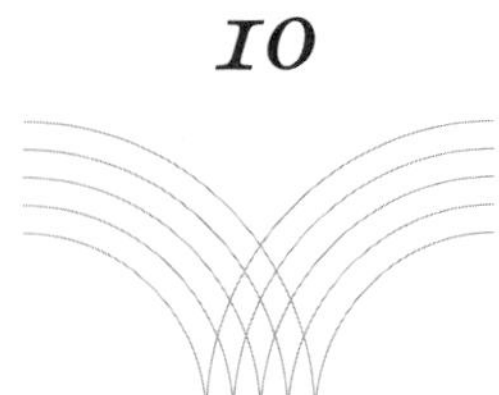

自性空
svabhāvaśūnya

《心經》所揭櫫的觀自在菩薩的修行心法，
即是「照見五蘊皆空」，這是說五蘊無自性，
亦即沒有實體，而且處於變動中。
五蘊中，不只色法無自性，是空，
而且受、想、行、識這些心法亦然。
我們只見到一切事物的表象，唯有不斷勤修智慧，
才能洞悉它們的無常本質；不執著五欲樂，
才能少欲知足、少煩少惱。

《般若波羅蜜多心經》簡稱《心經》。在般若波羅蜜多經群中，它是篇幅最小的一部；鳩摩羅什的譯本只有二百九十八字，玄奘的譯本只有二百六十字，但它卻是一部字字珠璣、非常精粹的小佛經。《心經》的梵本中有如下一句：pañca skandhāḥ tāṃśca svabhāvaśūnyān paśyati sma，玄奘譯作「照見五蘊皆空」，用白話文直譯是「五蘊，（觀世音菩薩）看見它們是空無（缺乏）自性」。svabhāvaśūnya 就是上揭梵文經句中 “svabhāvaśūnyān” 的原形。

無有實體，變動不已

svabhāvaśūnya 是由二個梵字 svabhāva 和 śūnya 組成的複合詞（依主釋，具格關係）；其中，前語是名詞 svabhāva（自性），後語是形容詞 śūnya（空）。又，svabhāva 是由前語，即形容詞 sva（自己的），和後語，即名詞 bhāva（體性）形成的；此二字中的 bhāva 是由有「存在，發生」之意的動詞語根√bhū-1 +名詞語基構成音 a 造成的（√bhū → bhau → bhāv ＋ a ＝ bhāva），漢譯有「體」、「性」等。

綜而言之，svabhāva 意謂固有的狀態、先天的性質，漢譯作「自相」、「體性」、「實體」、「自然本性」、「自體」等，而 śūnya 有「空」、「無」、「欠缺」之意，因此 svabhāvaśūnya 的意思是「沒有實體」、「欠缺先天的本質」、「無固有的狀態」，亦即「常處於變動中」。

二千五百多年前，佛陀就教我們「諸法苦、空、無常、無我」的道理。然而，即使佛陀所說的這個道理，多數人聽到了，也不甚了了吧。佛教聖典常用「無常、無我」此一語詞描述諸法（宇宙萬物）的本質。一切事物既然不具備固定不變的本質，那麼，事實上，凡夫所能看到的種種事物，也只是它們的表象（appearance）而已，因此那沒有本質可做為依據基礎的事物現象，也勢必是變動不止的。它們能被掌握嗎？絕對不能。

勤修智慧，遠離煩惱

同樣地，佛陀在二千五百多年前也教過我們如何勤修智慧。什麼是智慧？智慧就是看透事物真相的能力。如何勤修？勤修就是不斷地練習，做了一遍，再做一遍，再

做……，直到充分熟悉。在這樣勤修的過程中，勢必花費許多時間和精力，但最終會獲致寶貴的心得。就像農夫挖了一口井，地下水就不斷湧出那樣，只要反覆地學習，智慧之水就會一直冒出來。

然而，凡夫天生既愚癡，後天又不好學，以致智慧淺薄，因此在遇到困難時，使不出方便智去面對、處理而深陷苦境。其實大可不必這樣慘。學習畢竟不是難如登天的事，學習者只要按部就班地練習，耐煩（忍辱）且堅定不退（精進），自然會大有斬獲。一般眾生偏重追求五欲樂，不知提昇自己的精神素質；他們即使好不容易決心學習，也只是膚淺地學。又，若不知「溫故」，則結果也就沒有「新」可知，反而後退，甚至一天比一天差，以致在面對困境時，束手無策，真是「咎由自取」。

凡夫和菩薩有非常殊異的一點，即：菩薩畏因，凡夫畏果。菩薩知道什麼惡因會造成什麼苦果，因此會小心提防種下任何惡因；這是「菩薩畏因」的原意。相反地，凡夫總是裝出一副做了再說的大膽氣魄，不在乎做了會有什麼後果，不過，一旦不堪的結果出現而承擔不起，就呼天搶地，原來的威風完全失去；這是「凡夫畏果」的本意。兩相對照下，可知凡夫若要像菩薩般安穩，就應像菩薩那樣，不停地勤學佛陀的緣起說，俾能深解因果。由此可以斷言：學習佛法是智慧的開端。當眾生的內心滿是智慧的光明時，那些原來藏在他們內心深處的煩惱闇冥就會消失。

揀擇諸法，唯有般若

了解諸法空無自性，就是有智慧；而有智慧，就不會去做傻事、壞事。《心經》告訴我們色、受、想、行、識五蘊是空，其他如六根、六識、六境、十二緣起也一樣是空，亦即這一切都是無自性的、會變異的。五蘊中，受（感覺）、想（識別）、行（意志）、識（認知）是有情眾生的心，由此可知：我們心識的活動包含這四部分。在發現自己感覺遲鈍、識別混亂、意志脆弱、認知謬誤時，不要只是焦慮、難過，反而要提醒自己：這是自己必須加倍努力學習的警鐘所響起的信號。

至於色，有形色和顯色：前者指方形、圓形、長方形等；後者則是青色、黃色、紅色、白色等。色是梵文 rūpa 的意譯，廣義指一切物質，狹義則指身體。依據《心經》，無五蘊，無眼、耳、鼻、舌、身、意六根，無色、

聲、香、味、觸、法六境，無眼界乃至無意識界，明與無明都無，明盡與無明盡也都無，乃至無老死和老死盡，無苦、集、滅、道四聖諦，無智無得；這意謂五蘊、六根、六境、六界等都是沒有固定的本質，亦即常變動的。

總之，不論有情世間或無情世間都空無自性，亦即沒有先天固有的體性，常處於變動中；《心經》中的「sarva-dharmāḥ（一切法）śunyatā-lakṣanā（空相）anutpannā（不生）aniruddhā（不滅）amalā（不垢）na vimalā（不離垢）nonā（不減）na paripurṇāḥ（不增）」，就是表示：宇宙萬物都空無自性，愛著其中任何一個到不可自拔的程度，就等同在做自殘這類的愚蠢行為。

菩薩透過揀擇諸法而了知：一切法本質上不是永遠固定不變，而是靠種種外在條件生起的；這即是般若智慧。因此，《心經》接著說：「tryadhva（三世）-vyavasthitāḥ（住於）sarvabuddhāḥ（諸佛）prajñā-pāramitāṃ（般若波羅蜜）āśritya（依）anuttarāṃ（無上的）samyaksaṃbodhim（正等覺）abhisaṃbuddhāḥ（證得）。」漢譯如下：「三世諸佛依般若波羅蜜，證得無上正等覺。」成佛的祕訣就在於這裡所說的「依般若波羅蜜」。「般若」是梵文 prajñā 的音譯，「智慧」是它的意譯。

有二種障，即煩惱障和所知障：前者妨礙解脫的獲得，後者則阻撓智慧的運作。它們會妨礙眾生修行佛法，因此要努力修得般若以便捨斷它們。由此可知：在成佛的道上，般若說有多重要就有多重要。佛弟子！要明白：小心避開不但無濟反而有害於增進般若的種種錯誤修行，才是上上策。

——原刊於《人生》雜誌 387 期（2015 年 11 月）

II

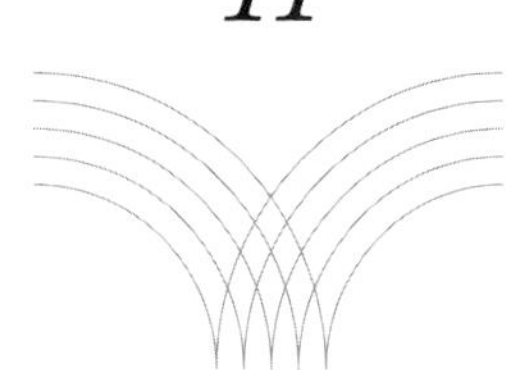

三無自性
trividhā niḥsvabhāvatā

佛教的真理常採否定性的描述，如無常、無我、空，

三無自性即是對自性採取否定，分別是：

相無自性、生無自性、勝義無自性。

唯識佛教認為絕對真理，

從肯定面來說是圓成實自性，

從否定面來說，則是勝義無自性，

兩者實為真理的表、裡二面。

三自性——依他起自性、遍計所執自性、圓成實自性，同時含有空的層面，因此它被視為《般若經》所說空思想的新展開。本文所要簡單詮釋的「三無自性」說，可說是三自性說的否定面，所以由此可看出三自性和三無自性有表裡關係，二者只是改變看法以表現同一事而已。

三無自性：三自性的否定

《唯識三十頌》中的第二十三頌說："trividhasya svabhāvasya trividhāṃ niḥsvabhāvatāṃ saṃdhāya sarvadharmāṇaṃ deśitā niḥsvabhāvatāṃ" 玄奘譯：「即依此三性，立彼三無性，故佛密意說一切法無性」；白話翻譯：「參照三種自性有三種無自性（這點），而說一切法無自性。」

茲先並列舉出三無自性與三自性於下：

三無自性 trividhā niḥsvabhāvatā	三自性 trividhaḥ svabhāvaḥ
1. 相無自性 lakṣana-niḥsvabhāvatā	1. 遍計所執自性 parikalpita-svabhāva
2. 生無自性 utpatti-niḥsvabhāvatā	2. 依他起自性 paratantra-svabhāva
3. 勝義無自性 paramārtha-niḥsvabhāvatā	3. 圓成實自性 pariniṣpanna-svabhāva

相無自性

在三無自性中，首先，相無自性（lakṣana-niḥsvabhāvatā）係就遍計所執自性而說。相無自性的「相」，梵文為 lakṣana，可與 svalakṣana（自相）、svarūpa（自體）等交換使用，漢譯有「自相、體相、相貌」等。「相」lakṣana 由有「觀察、認出」之意的動詞語根√laks-10＋中性名詞語基構成音 ana 做成（√lakṣ＋名詞語基構成音 ana ＝ lakṣana）。

為「相」下精確定義是很困難的事，充其量也只能籠統地說，它意謂「透過內心的認識活動而被概念化（被遍計所執）的事物所具有的特質或狀態」。就相而言，遍計所執自性是沒有相的，亦即它欠缺固有的特質或狀態，這就是相無自性的意義。總之，眾生所看見、所聽聞、所思考等的一切事象，都不具有使那些事象成為事象的固有特質或狀態，因為那些特質或狀態都是被虛妄分別（被遍計所執、被妄想）出來的。任何事物都不具有它成為事物的固有特質或狀態，當然它就不成立，亦即不存在。因此，說遍計所執自性是相無自性（沒有相的事物）；這等於否定它的存在性。從「遍計所執自性畢竟無」這一句，即可了解：被妄想出來的事物是徹底虛幻的。

生無自性

其次，生無自性（utpatti-niḥsvabhāvatā）是就依他起自性而說的。「生」utpatti（ud → ut ＋√pad → pat ＋ ti ＝ utpatti）由有「向上」之意的接頭詞 ud ＋有「生起、顯現」之意的動詞語根√pad-4 ＋陰性名詞語基構成音 ti 做成。漢譯為「生、受生、生起、起、出現、成」等。

依他起自性指不是靠自己，而是靠他力（其他的因和緣）而生起的事物。由此看來，依他起自性不像「遍計所執自性畢竟無」那樣，絕對不存在。就依其他的因緣而生起這點來說，它還是具有某種程度的存在性的。然而，

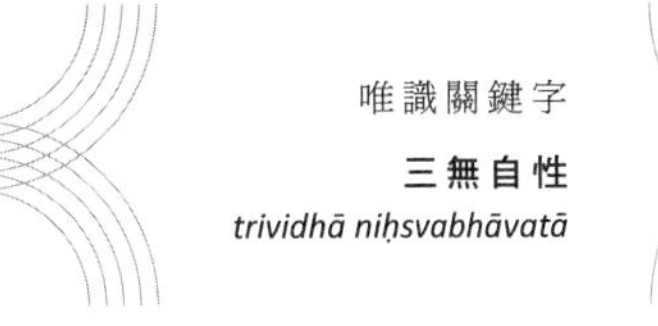

由於它的產生不是依靠自力，而是仰賴他力，所以就唯識佛教的術語而言，它不是 svayam-bhāva（依靠自力存在），而是 para-tantra（依靠他力存在），也就是說，它是生無自性——沒有生的事物。

勝義無自性

至於勝義無自性（paramārtha-niḥsvabhāvatā），則是就圓成實自性而說的。勝義無自性和以上所說的相無自性和生無自性完全不同。遍計所執自性指在內心的認識活動中被遍計所執（被概念化、被妄分別）的事物；這種事物不具備固有的本質或狀態，因此說它是相無自性。而依他起自性是藉著他力——自己之外的因和緣——生起的；因為不是依靠自己而存在，所以說它生無自性。至於勝義無自性，則是說勝義原來就是無自性（就勝義而言，一切法不存在）。圓成實自性指真如，即最高的真理（artha），因此稱之為「勝義」（paramārtha）。「勝義」paramārtha 是由前語 parama 和後語 artha 組成的複合詞（持業釋，形容詞關係）。parama 是形容詞，有「最，殊勝」之意。artha 是名詞，有「義、境」之意。

然而，勝義同時也是「一切法的無我性或無自性」、「能取（能認識的心）和所取（被認識的對象）此二取的無」，因此說它是無自性（niḥsvabhāva）。唯識佛教認為絕對真理，亦即圓成實自性，有肯定面（有能取和所取此二取之無），也有否定面（無能取與所取）；它用「勝義無自性」此一語詞表示絕對真理的二面。

空性有二面，無與無之有

佛教一般對真理都採取否定性的描述，如無常、無我、空（0）、涅槃（火熄滅的狀態）。《般若經》的思想以空性（śūnyatā）的論理做為支撐。之後的中觀佛教，以「真空妙有」、「諸法實相」，表示一切法在因無常無我而被完全否定時、所顯現的某個肯定性的東西。唯識佛教也一樣，強調空性有二面：無和無之有。它一面說「無能取和所取」（空性的第一義），一面說「有能取和所取之無」（空性的第二義）。這種「無之有」的主張不是純從理論被思考出來的；它勢必有根有據，即：透過實際的體驗，而非憑空幻想捏造的。

（一）遍計所執自性，所取皆妄

遍計所執自性指被認識、被構想出來的對象或事物，即「所取」。事物的真實相貌絕非凡夫所能準確掌握的。沒有人能斷言事物有什麼固有的樣態，因為它每一剎那都在變化中。若事物的樣態不斷在改變，能說它有先天固有的本質嗎？加上一些來自外界的因緣，就不由自己地生起變異的事物，當然可以說它根本就缺乏固有的狀態。唯識佛教說這類的事物是「相無自性」，因為它們是被遍計妄想出來的。

例如在鑽石稀少的地方，它被賦予、或被妄想分別為極高的價值，而在遍地是鑽石之處，它和小石頭一樣不值錢，因而棄之如敝屣。那「產量極多或極少」就是上述的「來自外界的因緣」，而認定它值錢或不值錢是凡夫內心的認知判斷；鑽石是不會大聲向顧客說：「我有非常高的價值，你買我吧！」買得起的人高高興興掏錢買走了，而買不起的人心有不甘，或許接著可能會有一連串不正確的想法和作法吧。一點一點地剖析下去，最後會發現：作奸犯科的元凶原來是凡夫自己的染汙心！

（二）依他起自性，能取靠他力

「依他起自性」是能認識的心，即「能取」。其中的「他」是他力之意。感覺、認知、思考等所有心的活動，都不是靠它們自身之力，乃至意志而生起的，而是靠他力。例如視力正常（因＝主要條件）的人在一間黑暗的房間內，是什麼都看不見的，要等開燈（緣＝附屬條件）後，才能看清屋內的東西。眾生的內心會發起一些認識活動（因），但這些活動正確與否，依外在的緣——例如是否依照善知識的教導而了知、奉行佛法等——而定。

在菩提道上，凡夫確實有很大的努力空間。沒有人一生下來就能完全理解為人處世的道理，乃至高深的佛法，而是必須靠後天不斷地努力學習。

（三）圓成實自性，絕對真理

從三無自性的角度切入，圓成實自性也可說是勝義無自性，這是唯識佛教特有的教法。徹底了知「圓成實自性」就表示已證得真如——絕對真理。這時，無有能取和所取，對任何事物已不可能有絲毫的錯誤認知，也就是說，已達成無上的菩提（覺悟）。總之，這時已轉識成智、轉染成淨、轉凡成聖。

捨斷二障，終究解脫

唯識佛教也繼承釋迦牟尼佛教導眾生離苦得樂的目的，教大家把現實生活中充滿痛苦的自己，改成充滿安樂的新自己。為達成這個目標，以下二個步驟一定要盡心盡力地進行，絕對不可有絲毫的忽略：

1. 徹底改變謬誤的認識（顛倒的見解），即捨斷所知障，以培養如實知見事物真相的能力。

2. 完全除去附著於阿賴耶識內，亦即與第七末那識和第六意識相應的汙穢（煩惱），即捨斷煩惱障，以令自己在生命的根源上絕對清淨。

從凡夫的謬誤認識到賢聖的最高智慧，是一條既漫長又艱辛的菩提道。佛弟子！要咬緊牙根（忍辱），雙腳前行絕不中斷（精進），只有這樣做，才有坐上獅子座的那一天。

——原刊於《人生》雜誌 392 期（2016 年 4 月）

12

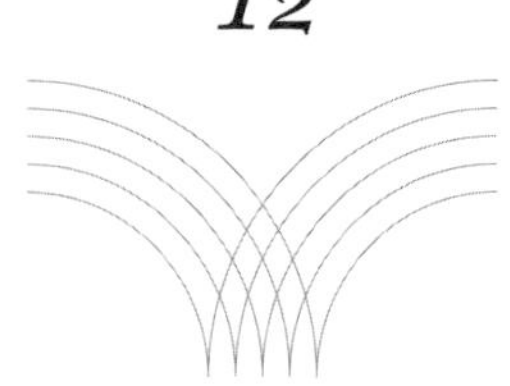

唯識四分說
——心的四種領域

「四分說」是唯識佛教所獨有，指心的四個領域：
證自證分、自證分、見分與相分，
構成我們認識活動的主、客觀因素，
其主張「唯識無境」，
一切外境只是由心識變現出來的影像，
唯有改變心念，才能趣向解脫。

現代人一路為外界的事物所吸引、迷惑，以致經常疏忽自己的內心世界。欠缺「反求諸己」的修練，勢必迷失自我，結果難免遭受困擾、痛苦……，提醒大家回歸「本家」，不要毫無自覺地跟著「魔神仔」走，走到被「丟包」，乃至不知如何找到「回家的路」。此處所說的「魔神仔」、「丟包」和「回家的路」，當然都是譬喻用的語詞，真正的意思是：大家千萬別被「煩惱」（kleśa，即 √kliś-4 → kleś ＋陽性名詞語基構成音 a ＝ kleśa）胡亂牽引而為非作歹，以致終於嘗受輪迴苦果。

依據唯識佛教，有與第七染汙意相應的煩惱——我見、我癡、我愛、我慢四種，以及和第六意識相應的六種根本煩惱和二十四種枝末煩惱。一個人被三十多個「魔神仔」不斷地扯向東再扯向西，又扯向南再扯向北，像五馬分屍那樣，身心哪有一塊是安好的？這不就是佛陀所說四聖諦中的苦嗎？二千五百年前，佛陀發現一件千真萬確的事實：現實生活中沒有一個人能躲掉痛苦。這是佛教術語「苦諦」成立的原因吧。在人類歷史上，也沒有任何一個宗教像佛教那樣，把「苦」當作「諦（真實，truth）」。

四分說心，有識無境

回歸本題。「四分說」為唯識佛教所獨有，也是它的重要主張之一。四分說，簡言之，是指心包含四個部分或領域，即：證自證分、自證分、見分、相分。這四部分各司什麼職責，或各有什麼作用呢？

眾生的認識活動必由主觀和客觀此二要素催生。這是任何人都不能否定的事實。其中，主觀要素指認識的主體，而客觀要素指被認識的客體，亦即對象；這在西洋哲學也看得到。以西洋哲學和唯識佛教做比對，後者的見分乍看相當於前者的主觀要素，而相分則類似客觀，但此見、相二分，就其內涵而言，與西洋哲學的主、客觀二要素大異其趣。唯識佛教主張唯識無境，簡單地說，即是只有「識」（認識的主體）沒有「境」（被認識的對象）。僅就境而言，在唯識佛教，它不是西洋哲學所謂實存於外界的種種物質性事物，而只是由心識變現出來的影像而已。

心的自體即自體分，別稱為「自證分」。它變化成「見分」和「相分」兩部分。在前者，「見」意謂看見——認識活動之一，「分」則為部分；二者合稱「見

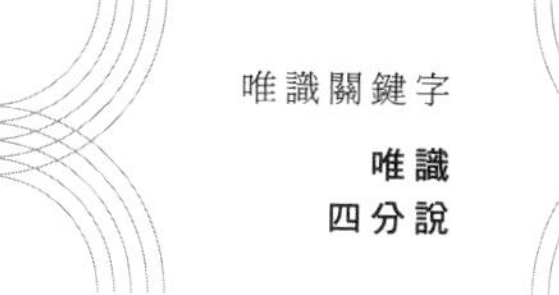

分」，即認識相分的那個主觀部分。而在後者，「相」意指狀態、樣貌，「相分」是心的另一部分，帶有事物的相狀，是被屬於主觀部分之心認識的那個客觀部分。據此可知：自證分是那個二極化為相分和見分之前的心。它所承擔的任務是確證見分認識相分；簡言之，自證分的作用即是確證見分的作用與功能。

既然見分的作用與功能須由自證分加以確證，則根據此一論理，在自證分的深處不是也需要有另一部分的心來確證它嗎？在唯識佛教，那個確證自證分作用的另一部分的心稱為「證自證分」。同樣地，為了確證這個「證自證分」的認識作用，勢必需要再設定有另一部分的心在做這個工作，結果將一而再、再而三地確證下去，而永無停止。為排除這個無限上溯的煩瑣與矛盾，唯識佛教乃主張確證「證自證分」的是在它前面的那個「自證分」，並認為任何一個認識作用皆由心的四分（相分、見分、自證分和證自證分）來完成。

這個「四分說」是護法（Dharmapāla）提出的。大概連他自己或他的弟子都會覺得這個主張的內容過於煩雜吧。關於心到底含有幾個領域，印度的唯識學者有不同的意見，有：一分說、二分說、三分說，以及上述的四分說。做為佛弟子，最應在乎的是心有沒有保持清淨。心是管認識的；只要心清淨，它就不但不會被煩惱所染汙，而且具足智慧，因此就能了知宇宙萬物的真相，就像以鏡照臉，只要鏡面乾淨清晰，臉自然清清楚楚地映現在鏡面上。

佛陀教法，勤修三學

對於佛弟子，最重要的事應是先了解釋迦牟尼佛所教的法，接著努力去實踐它。在原始佛教時代，佛弟子應該學戒、定、慧三學；即使進入大乘佛教時代，佛弟子也應該學這些，隨著時代變遷，此三學的內涵不免有所增改，但無論如何，它們都是佛陀給我們的無價之寶。

對此三學，我們要用什麼方法學習呢？答案是聞、思、修。「聞」是聽老師的教導。古代印刷術不發達，以致書籍的流通量不多、流通地區不廣，因此有一些萬里訪師求道的感人故事。現在不一樣，隨著科技進步，買書來閱讀是輕而易舉的事，但要選擇好書才不會有後遺症。其次，「思」是要在心中，把自己所聽或所讀的仔細思考，然後把自己的所聞和所思做一番禪觀，這才是「修」。這

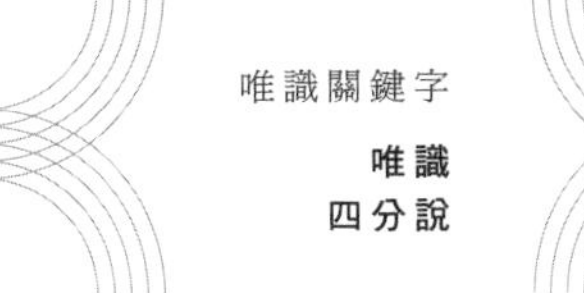

三種學習方法是歡喜奉行佛法不可或缺的基礎和前行。它和現在所說的「口到、眼到、手到、心到」很類似。總之，讀書或做事時，都必須全神貫注，心無旁騖，才能得到效果。

除前揭三學外，學習的內容還有哪些呢？提及這部分，可說是佛教的精華。佛教雖然宗派很多，各派有各派的理論，在實踐方法上也各有特色。以《阿彌陀經》為例，它是一部特重淨土法門的大乘經典。它教信徒「執持名號」，又說：「極樂國土眾生生者，皆是阿鞞跋致，其中多有一生補處，其數甚多。」由此可知極樂世界有大乘佛法，但不局限於此，在此經也提及原始佛教的「五根、五力、七菩提分、八聖道分」。

捨斷無明，智慧處世

原始佛教除了四聖諦外，尚有十二因緣。在四聖諦方面，佛陀提醒我們：凡夫生活在苦中（苦諦），是由於有種種不對的欲望，並在知見方面有不正確的執著（集諦），但只要修行八正道（道諦），所受的苦必定會消失（滅諦）。據此可推知：集是苦的因，苦是集的果；道是滅的因，滅是道的果。凡事皆有因果的互相牽連。

至於在十二因緣方面，則教我們：遭遇生老病死憂悲苦惱的主要原因，是我們無明（無知）：凡夫缺乏「法住智」，所以對世間的種種沒有透徹的了解；也欠缺「涅槃智」，因而對精神素養的提昇不夠重視，以致落入生死苦海，不得解脫。然而，只有在無明消失、代之以智慧時，自然會以另一種完全不同的心態看待生老病死憂悲苦惱，於是不再為痛苦所煎熬。那種境界是「語言道斷（不能以語言描述）、心行處滅（不能以概念思惟）」的。

由原始佛教時代進入大乘佛教時代後，智慧與慈悲成為佛教的核心教義。此二者不能簡簡單單以理性和感性來取代。佛教所提供有關智慧和慈悲的思想，都有它們各自的深義。在佛教，智慧簡單地說，是指看透宇宙萬物本來面目的能力，而慈悲是予樂和拔苦之意。與樂應是給予包括自己和別人在內的人快樂，而拔苦是為包括自己和別人在內的人除去痛苦。

佛弟子啊！為了利益別人而奉獻布施吧。當你帶給別人快樂時，你自己不可能愁眉苦臉。又，當你為別人排除痛苦後，看到他如釋重負地變得輕鬆愉快起來時，你也會和他有一樣的心情。簡言之，在利益別人時，你和那位

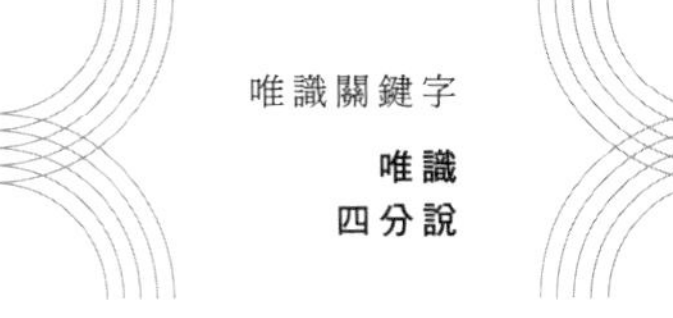

你要利益的人都有收穫，即：一分付出，二分收穫。在佛門外徘徊的人啊！要緊緊記住：修行佛法，絕對不會有損失，反而有收穫，而且漸漸地你會了解為什麼佛法是寶。因此，一般佛弟子應歡喜奉行佛法，令心清淨，這才是重點所在，不是嗎？至於心包含幾部分、各有什麼作用等等問題，就交給學有專精的佛教學者去探究吧。

——原刊於《人生》雜誌 393 期（2016 年 5 月）

13

唯識思想的教證與理證

唯識思想的教證出自《華嚴經・十地品》：
「三界虛妄，但是心作」，
即是「三界唯心」的見解。
探究人們所有的見聞覺知，
皆是自心覺知自我的變似顯現。

在人類思想史上，任何一種學說，在當代甚至延續到後代，都能蔚為主流，是一件很不簡單的事。一千多年前，唯識思想從印度傳入中國後，對它的探討雖不是一直很風行，但至少在唐代也曾盛極一時。在沉寂長達一千多年後的現代，它終於又成為學者用心追究的對象。人生有順逆，學問也一樣，有興衰。難怪佛陀會說：「一切法無我、無常、有變易。」

二千五百多年前，佛陀於印度各處宣揚佛法，前後有數十年之久。他所說的教法被奉為「聖言量」，在他入涅槃後，弟子更把他所說的佛法結集成一部一部的經典。這些經典在漢譯總稱為「四阿含」，而在巴利藏則總稱為「五尼柯耶」。這段時期的佛教稱為原始佛教，後世的佛教學者常引用它們做為教證；那麼，教證是什麼呢？簡言之，凡是出現在經典上，而被引用為教理上之證據的經句，就是教證。

唯識無境，但是心作

西元前後，佛教由原始佛教時代進入大乘佛教時代後，出現唯識思想和中觀思想；此二思想成為大乘佛教的兩大主流。此二宗派的祖師當然以他們當時流通的佛教經論做為依據，進行研究、推論後，提出他們的主張。例如，二者之一的唯識思想主張「唯識無境」。《唯識二十論》一開頭就說：「安立大乘三界唯識（大乘主張三界只有識而已，mahāyāne traidhātukaṃ vijñaptimātraṃ vyavasthāpyate）。」此一「唯識無境」的教證（教理上的證據）主要出自《華嚴經．十地品》的經文：「三界虛妄，但是心作。」一言以蔽之，這是「三界唯心（cittamātraṃ traidhātukaṃ）」的見解。

佛教把世界分為三部分：1. 欲界（淫欲和食欲很強的眾生居住之處）；2. 色界（物質）；3. 無色界（沒有物質，即純精神）。大乘佛教經典之一的《華嚴經》明白地說：此三界全由心造，虛妄不實。後來，大乘佛教論書之一的《唯識二十論》說：「心、意、識、了是同義語（cittaṃ mano vijñānaṃ vijñaptiś ceti paryāyāḥ）。」由此可知：唯識佛教所主張的「唯識」看起來很接近《華嚴經》所說的「唯心」。因此，較早問世的上揭《華嚴經》經文，被視為唯識思想的主要教證。此外，唯識佛教當然也還有其他的教證，但這部分過於繁雜，因而在本短文中暫且省略。

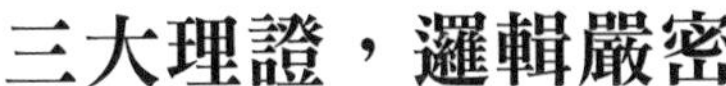

三大理證，邏輯嚴密

任何一個教派都含有理論與實踐兩大部分，唯識佛教也不例外。以下先略舉它的三個主要理證（理論上的證據）：

（一）夢中所見如幻有

這是說夢中所看見的種種景象、事物，雖然確實不存在，但在夢中卻把它們看得像真實存在那樣，亦即：即使夢中沒有真實的景象、事物，做夢者在夢中仍然也有認識作用會產生，也就是說，無境（被認識的客觀對象）但有識（能認識的主體）。對重視理性的現代人而言，這樣的說法顯然是矛盾的、不合理性的，因為他們認為夢的世界和醒的世界完全不同：前者純屬虛妄，後者才是真實。

然而，一般大乘佛教都以上求菩提（bodhi，覺悟。bodhi 是由有「知覺、理解」的動詞語根√budh-1 +名詞語基構成音 i 做成的，即√budh-1 →√bodh + 名詞語基構成音 i = bodhi）、下化眾生的菩薩行，做為成佛的方法或途徑，因此成佛（buddha，即√budh-1 + ta〔ppp. suf.〕→√bud + dha = buddha，覺悟者）被正信的佛教徒奉為修行佛法的終極目標；他們只把眾生所經驗的現實世界，看作是一個無常無我、變易不止的世界而已。

唯識佛教和中觀佛教一樣，成為大乘佛教二大主流之一時，它所提倡的唯識無境，教導眾生唯有從迷夢中清醒過來，亦即由無明變成有大圓鏡智（佛智），才可能達成佛的境界（buddha-gocara。go 是牛王，以牛王譬喻佛；cara 是行動的範圍，即√car-1 ＋ a 陽性名詞語基構成音＝ cara）。總之，唯識學者以夢境確實是虛妄的，但真有做夢這一回事，亦即有認識作用，縱使這種認知是錯誤的，並進而據此提出唯識無境、轉識成智的主張。

（二）禪定體驗的確證

修禪者把心集中於某一個對象（境）而令心處於不昏沉、不掉舉的寂靜狀態，這就是入定的時候；接著觀想出現於自心中的那個對象的樣態（影像），明知它不是出自心外的任何一物，只是心本身變成類似那樣的事物，而顯現於自心的。唯識思想依據此禪定經驗而主張：日常的意識所見聞覺知的對象，都不過是自己的心變似的，而非真實存在於外界。心和外界的事物分屬不同的次元，因此心不能認知外界事物，而外界之物也不被心認知；心所能

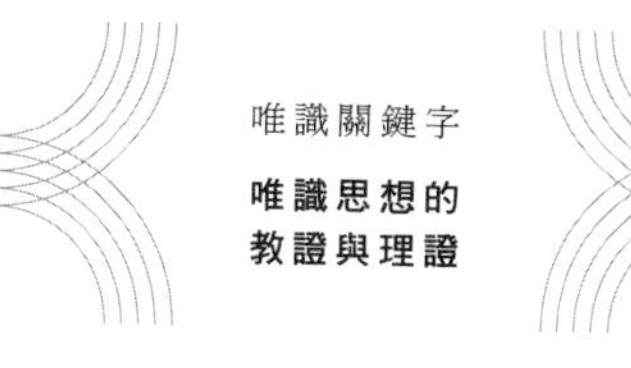

認知的外界事物，只是心所變似出來的外界事物。由此可知：心和外界事物彼此沒有認知與被認知的關係。

禪定的體驗確實不同於一般的體驗，如《般舟三昧經》說，瑜伽行者即修禪定者，在入定時，看到佛出現在他面前，對他說法。等出定後，確知佛沒有來，也沒有說法；那些景象都是他自己的心變現出來的。唯識佛教也是一群瑜伽行者發展出來的。他們善用自己修禪定所得的體驗，研發出一套唯識理論，確實很不同凡響。然而，世間種種事，各有其利，但也難免有其害。不正確的修禪方法，也可能修出「禪病」，因此學禪者一定要有隨時可以請教諮詢的老師，以免「副作用」傷到自己。

（三）阿賴耶識緣起說

這是主張一切現象都從根本的阿賴耶識生起的理論。它和實在論完全不同：實在論者認為事物真實地存在於外界，說心所看見的外界某一事物的印象，即是該事物的表象；而唯識佛教的阿賴耶識緣起說則主張：某一事物的影像是自己的心變現的，與那影像對應的某一事物，並不真的存在於外界。

更進一步說，阿賴耶識緣起說的構造如下：在阿賴耶識的 A 種子成熟、發芽、做出 A' 影像，而也由阿賴耶識中的種子所生起的眼識看見這個 A' 影像。總之，只要依據此阿賴耶識緣起說，上述「日常的意識所見聞覺知的對象，都不過是自己的心變似的，而非真實存在於外界」，這是「無境」之說，而「即使自己的心所見聞覺知的事物不真實存在於外界，見聞覺知到那事物的作用也還是成立的」，這是「有識」亦即「唯（有）識」之說。有關唯識思想的論著都是緊緊扣住這「唯識無境」論述的，因此，可以說嚴密的邏輯思維是唯識佛教顯著的特徵之一。

唯識艱澀，流傳日本

玄奘在印度留學十九年，期間專攻相當難學的唯識思想，也攜帶許多佛經梵本回到他的祖國——大唐。這段經歷令人十分感動，且在感動之餘也會引發「效法先賢」的願行吧。事實不然。他把印度大乘佛教的唯識思想帶回來，成立法相宗，但此宗派一直不興盛，大唐還沒滅，它就衰微了。反而有日本僧人入唐學習唯識佛學。此後代代有日本僧人繼續研究，把日本有關唯識法相宗的論著名稱列出，並對內容做簡單的介紹，就可編成一部字典般的唯

識學彙編，甚至有日本佛寺以研究唯識學聞名。

直到清末，歐陽竟無才從日本把唯識學帶回國研究。迄今百餘年過去，唯識思想的研究依然不盛。它不鼓勵人求生極樂世界或頓悟，而只提醒人要轉識成智、轉染成淨、轉凡成聖，這不是比較接近佛陀所說的離苦得樂之道嗎？

——原刊於《人生》雜誌 394 期（2016 年 6 月）

14

唯識佛教的修行法門

唯識佛教的修行分為五個階段，
修行者從資糧位出發，
依次歷經加行位、通達位、修習位，
將自己被煩惱染汙的凡夫心加以淨化，
而在修習位的最後證得無上正等覺而成佛，
即圓滿的究竟位。

一個純屬理論而不切實際，或沒有提出實踐方法的學說，不只是空談，且進而由於它的缺乏實用性而被排斥、被淘汰，也像彗星一般，只有短暫發亮，終趨暗黑。佛教不同於不實用的學問，它是要用來解決人生中的實際問題的，所以它必須理論和實踐並重。本文專就唯識佛教的修行法門論述於下。

五大階段，位位高昇

原始佛教的修行者志在證得阿羅漢果，而大乘佛教以成就「阿耨多羅三藐三菩提」（anuttarasamyaksaṃbodhi，無上正等覺）為修行佛法的終極目標；也就是說，只有證到阿羅漢果或無上的佛菩提，才算修行圓滿。修行的目標——成阿羅漢或成佛——不能一蹴即成，乃是眾所周知的事。它不透過長期全心全力的實踐是不能達成的。

佛教有許多宗派，而各宗派都有它自己不同於其他宗派的理論和實踐方法；唯識佛教做為佛教的一個宗派也一樣，毫無例外。關於修行的過程，唯識佛教分成五個階位，即：1. 資糧位；2. 加行位；3. 通達位；4. 修習位；5. 究竟位。茲將各階位的修行內容，依次略述於下。

（一）資糧位

這是為證得無上菩提而積集福、慧二資糧的修行階位。這個階位的修行者雖然也發菩提心，但尚未能了悟一切唯識，因此不可不先培養、加強以下所列的四種力：

1. 因力：本性住種姓（先天所具有的無漏種子），以及習所成種姓（藉聽聞真如法界流出之教，亦即與真理的世界同性質的正法，而被熏習的無漏種子）。

2. 善友力：逢遇佛、菩薩等殊勝的善知識（好老師和好朋友），並接受他們的教義。

3. 作意力：在自己的內心深思佛、菩薩等殊勝善知識所授予的教義，直到徹底理解。

4. 資糧力：福德資糧（藉修布施等善行而獲得的福報），和智德資糧（藉修習種種佛法而獲得的智慧）。

以上四力中，有先天內在具備的「本性住種姓」，及後天外在要努力培養的「習所成種姓」，從殊勝的善知識受教，儲存福、慧二資糧等。最值得注意的是：在修行的第一階位就強調聽聞正法、參訪優秀人物等。由此可知：個人的成就絕非仰賴一己之力即可；自己精進之外，尚需他人的協助，才可能有成就。又，在資糧位的修行者，對唯識理論也只能做知性上的了解，尚未能完全消滅所

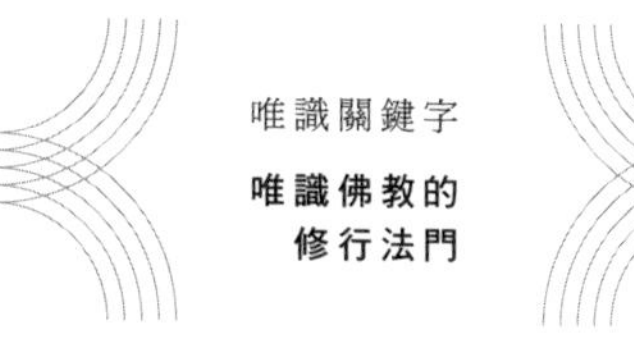

取（被認知的對象）與能取（能認知的心識）此二元的對立；簡言之，即藉上揭四力，為證悟絕對真理做預備而已。

（二）加行位

在資糧位，修行者對唯識理論只能做知性上的理解。接下來的加行位是以其次通達位的覺悟真如、成立唯識為目標，而更努力修行的一個階位。此一階位，具體地說，是包含煖、頂、忍、世第一法此四階位（四善根 catuṣkuśalamūla）。由此可知：加行就是努力預修。修什麼呢？在加行位要修唯識思想獨有的觀法，即「四尋思（catuḥparyeṣaṇā，即 catus-pari- √ iṣ-6 → eṣ ＋中性名詞語基構成音 ana ＝ catuḥparyeṣana → catuḥparyeṣaṇā）」和「四如實智（caturyathābhūtaparijñāna，即 catus-yathābhūta ＋ pari ＋ √ jñā-9 ＋ ana ＝ caturyathābhūtaparijñāna）」。其中，「四尋思」把一切被認識的對象（所取）分成如下四種，並一一思索、觀察：

1. 名：指示事物的言說。

2. 義：藉言說被指示的事物。

3. 自性：言說（名）和事物（義）的自體。

4. 差別：言說和事物的種種特殊狀態。

那麼，對此四種對象要怎樣思索、觀察呢？答案是思索、觀察它們都是假有實無，是自心造出來的，並非離識而實存於外。其次，「四如實智」是如下那樣的智慧，即透過「四尋思」而如實了知（yathābhūtam parijānāti）「不只那四個被認識的對象——名、義、自性、差別——不是離開能認識它們的心識而存在，而且連那個能認識它們的心（能取）本身也不存在」。

在此一階位能制伏由分別生起（後天）的所知與煩惱二障的現行（samudācāra，即 sam ＋ ud ＋ ā ＋ √car-1 → cār ＋ a 陽性名詞語基構成音＝ samudācāra，唯識佛教的術語之一，意指從阿賴耶識中的種子生色法和心法），但不能制伏它們的種子，以及由俱生起（先天）的所知與煩惱二障的種子和現行；即使能制伏由俱生起的現行，也只限於粗顯的現行。

（三）通達位

這是藉加行位的修行使自己本有的無漏種子發芽、生起無漏的根本無分別智而覺悟真如的階位。就十地而言，它相當於入初地最初一剎那的心，即「見道」。在此見道的階位，斷除由分別生起的所知與煩惱二障的種子，並進而捨掉習氣（vāsanā，即√vas-1 → vās ＋ ana ＝ vāsana → vāsanā，唯識佛教的術語之一，意指藉由熏習而殘留下來的一種勢力）。

（四）修習位

就十地而言，這是指從初地的住心到第十地的出心（金剛喻定）的階位。在十地的各地，每依次修行一個波羅蜜，就斷除一個重障，證得一個真如。終於在此一階位，斷除阿賴耶識中一切所知與煩惱二障的種子，也捨掉種子的習氣，因此在下一剎那達佛位。

（五）究竟位

修行者從資糧位出發，依次歷經加行位、通達位、修習位，藉著不斷地修行而逐漸將自己被煩惱染汙的凡夫心加以淨化，而在修習位的最後證得無上正等覺，即成佛；此最後的佛位即是究竟位。在這一階位，圓滿達成轉識成智、轉染成淨、轉迷成悟、轉凡成聖，亦即證得轉依。轉依即轉捨所依（阿賴耶識）。轉依所得的二妙果是：1. 斷煩惱障而得大涅槃；2. 斷所知障而得大菩提。其中，大涅槃又被細分成如下四種：

1. 自性清淨涅槃：指宇宙一切法（存在）的絕對真理，即真如。

2. 有餘依涅槃：指雖是已斷煩惱障而彰顯的真如，但肉體還繼續存在的狀態。

3. 無餘依涅槃：指既是已斷煩惱障而彰顯的真如，且肉體也已滅的狀態。

4. 無住處涅槃：指既是已斷所知障而彰顯的真如，又得助於大悲和般若二者而不住生死與涅槃，為救度眾生而繼續從事教化的狀態。

大菩提不只是唯識思想，而且可說是全部大乘佛教所追求的絕對真理，亦即智慧意義下的覺悟。它與四智（成所作智、妙觀察智、平等性智、大圓鏡智）相應。

總之，將根本識即阿賴耶識中的不完善狀況加以改良，使變成徹底完善，自我圓滿證得絕對真理，不，自我成為絕對真理，這才是修行唯識佛教的終極目標所在。

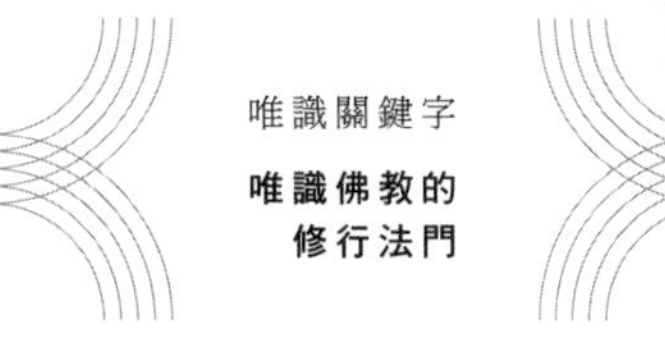

絕對真理，究竟成佛

唯識佛教的理論確實很煩瑣難解，但它主要從眾生的心識出發，深刻地論究如何轉凡成聖。其中難免涉及與眾生生活有關的物質，例如身體、世界等，但它仍然依據不離從眾生心識出發的原則，教導凡夫如何認識、對應它們，以免脫出修心的軌道。在鼓勵凡夫修心之前，把心的種種狀況說明白，並提出很實際的修行法門。

佛弟子！先耐煩地了解唯識佛教吧。相信隨著日漸了解，實踐起來也會一天比一天順利、豐收。條條大路通羅馬，同樣地，每個佛教宗派也都有各自的法門。佛弟子！配合自己的根機，選一種法門全心全力修行吧。

——原刊於《人生》雜誌 395 期（2016 年 7 月）

第二篇

根本煩惱

貪 rāga
瞋 pratigha
癡 moha
慢 māna
見 dṛṣṭi
疑 vicikitsā

OI

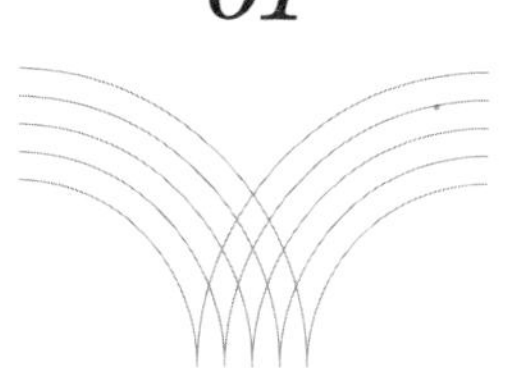

貪
rāga

rāga 被漢譯為貪，還有染著、生愛樂等，
意謂對存有和享樂的耽著和希求，
是六大根本煩惱之一，也是眾生受苦的主因之一。
了解貪的本質，以及所衍生而出的九個隨煩惱，
隨時注意身、口、意的行為，
提醒自己不踰矩，遠離煩惱的汙染，
人人相處才能「共樂融融」，活在美好的人間淨土裡。

梵文 rāga 被漢譯為貪，尚有「染著」、「生愛樂」等。rāga 是由動詞語根√raj-4 重音化而變成 rāj，然後 rāj 中最後一個字母 j 變成 k，接著加上名詞語基構成音 a，但因為 k 是無聲子音，而其後要加的 a 卻是母音，所以 k 必須再變成有聲子音 g，於是構成此一陽性名詞 rāga，即：√raj → rāk → rāg ＋ a ＝ rāga。√raj 意謂被某個對象所媚惑或刺激而興奮，心為某個對象所奪，即非常愛好某個對象。

五取蘊苦，因貪而起

三毒貪、瞋、癡中的貪有其特殊的、異於一般貪欲的定義，在此，它意謂對存有和享樂的耽著和希求；它的作用是會製造痛苦，也就是說，貪是眾生受苦的種種主因之一。貪是主因，會給自己帶來痛苦，而自己在受苦之際，很可能也會促使他人苦不堪言；就此而言，貪也是助緣。

但因貪而生起的苦是什麼呢？苦在此指五取蘊，而五取蘊即是有情的身心，含有色、受、想、行、識五蘊。就字面解釋，五取蘊中的「取」是指煩惱；蘊是聚集，藏譯作「ཕུང་པོ་（phung po）」即「堆」之意。由此可推知：

五取蘊就是染著煩惱的五堆東西。其中，色的意義是：1. 宇宙中的一切物質；2. 眾生個己的身體。前者是廣義的色，而後者是狹義的色。其次，受、想、行、識四蘊是屬於心理或精神層面的活動。識為主，而受、想、行為輔；它們之間可說有心王和心所的關係。識具備了別即認知的能力，它不但要認知色，而且也要認知受、想、行。

「受」是領納之意。「受」心所要領納內外所有的信息，然後轉給「想」心所去了解，但凡夫的「想」總是多少帶有雜染，所以常在做出不正確的了解後，轉給「行」心所去作為。從「受」到「行」，亦即所有被領納、被了解、被作為的內心活動，都成為「識」認知的對象。

三界貪愛，欲界最強

又，「色、受、想、行、識」五取蘊是如何產生的呢？簡單地說，它是藉由對欲、色、無色三界的貪愛之力而生起的。三界是什麼？它們有什麼值得貪愛的？天文學說宇宙間有多到數不清的星球；佛教也說有多到算不完的世界，並將這無數的世界再依欲望的強度和物質的有無分成三種界：第一的欲界是指欲求特別強的世界。例如，佛教說人是欲界的有情，這表示人的欲望超強，這個也要，那個也要，而且一旦擁有，就難以割捨。至於第二的色界和第三的無色界，前者是有物質的世界，而後者是無物質、純屬精神的世界。又，欲界當然有物質和精神，卻獨說「欲」界，這全是要凸顯那裡的眾生欲求特別強烈，甚至強到不能自拔的程度。

眾生到底希求什麼呢？他們要享樂，更要活得長長久久，因為活得愈久，享樂的時間當然隨著延長；只短暫享樂，在凡夫眼中，依然是一大憾事。安慧論師在《唯識三十頌釋論》註說：「貪是對有（生存）和享樂的耽著和希願（rāgo bhavabhogayoradhyavasānaṃ prārthanā ca）。」此中，漢譯「有」的梵文是 bhava，「享樂」是 bhoga。對凡夫而言，好死不如賴活，這表示生存亦即活在世間是一件好事，所以要窮盡辦法讓自己長壽不死，如秦始皇之流者。又，活在人世之際，能享用一切美妙的東西，當然也是一件好事。然而，愛著、欲求「有」和「享樂」的主體，是眾生被煩惱所染的身心，亦即五取蘊。《悲華經》說，眾生的壽命和幸福一代一代遞減，在在是煩惱所促成的。難怪道家老子也說：「吾有大患，為吾有身。」這當然是就「心的不正」而說的。那麼，心為什麼不正呢？簡

單地說，因為心為一些煩惱所汙染。

煩惱之根，衍生枝末

貪、瞋、癡、慢、見、疑是六個根本煩惱，貪是其中之一，從它衍生出來的枝末煩惱有「慳」、「憍」和「掉舉」三者；貪也和癡合力生出「誑」和「諂」二個枝末煩惱；又另三個枝末煩惱「無慚」、「無愧」和「散亂」，也是它和瞋、癡促成的，而「放逸」此一枝末煩惱是貪、瞋、癡三個根本煩惱和一個枝末煩惱懈怠造就的。

總之，與貪有關的枝末煩惱共有九個，在全部的枝末煩惱占了將近一半。從上述大小煩惱之間的根枝關聯，可感受它們威力強大及難以抗拒的程度吧！為了加強大家對這點的警覺，以下列舉安慧論師在《唯識三十頌釋論》中對這九種枝末煩惱所做的重點詮釋。

首先，與貪有關聯的隨煩惱（枝末煩惱）為：

1. 慳（mātsarya）：捨不得布施；連不必要的用品都在積集，可見無飽足感。

2. 憍（mada）：對自己的幸福感到狂喜，以致心不能自制而倨傲不遜。

3. 掉舉（auddhatya）：心不寂靜，因為心沒有止（奢摩他〔śamatha〕）。

又，衍生自貪和癡的隨煩惱有：

4. 誑（māyā）：欺騙他人，以令不真實之事顯似真實的不正當方法騙取利益。

5. 諂（śāṭhya）：內心險曲，為隱蔽自己的過失而令他人混亂。

此外，尚有出自貪、瞋、癡的隨煩惱：

6. 無慚（āhrīkya）：自己犯錯，卻絲毫不覺得自己很羞恥。

7. 無愧（anapatrāpya）：自己做了傷天害理的事，對別人卻不覺得很羞恥。

8. 散亂（vikṣepa）：心的擴散，即心投向種種所緣（ālambana，對象）以致流盪不定。

以下一個隨煩惱則由貪、瞋、癡、懈怠產生的：

9. 放逸（pramāda）：不維護心，不令它遠離貪、瞋、癡等煩惱，以致不善增長、善減衰。

正念一現，遠離染汙

貪是病，而上揭的九個隨煩惱是它的併發症。病，尤其是慢性病，可能不會令病人立即死亡，但併發症卻有可能。如醫生為因癌症而去世者所開立的死亡證明書中的死亡原因是「心肺衰竭」，因癌症最後併發心肺衰竭的症狀，於是心臟「罷工」不跳，這一生就宣告結束。有人會對這樣的結果感到滿意嗎？如果不想草草了結一生，那麼馬上朝正確的方向前進吧！做官的盡職責，做生意的 “hold” 住良心和職業道德，信徒好好修行……。所有大眾的身、口、意三行都能如法「不踰矩」，生活所在當然就能遠離煩惱的汙染而成為一個美好的世間；又，一切眾生也必然會「其樂融融」。

老實說，讓我們居住的環境成為淨土可能很容易，但也可能很困難，這個「娑婆變極樂」的願望能否成就，完全繫於一念之間，即由邪念轉向正念，或由正念轉向邪念。可以確定的是，正念一現，周遭是天堂；邪念一起，腳下即是地獄。能不慎乎？

——原刊於《人生》雜誌 375 期（2014 年 11 月）

02

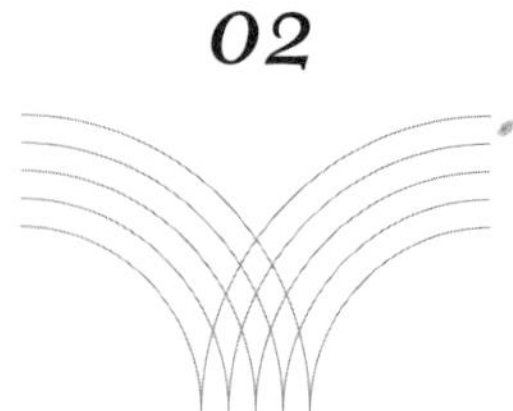

瞋
pratigha

pratigha 除了譯為瞋，尚有罣礙、有對、有憎、惱亂等，
本意是「向對方打或殺過去」，
引申為妨害、抵抗、激怒、憎惡等，
與貪同是六大根本煩惱之一，也衍生出九個隨煩惱。
對治瞋的根本之道，
是奉行諸惡莫作，眾善奉行，自淨其意，
以便能早日剪破瞋網、解開瞋結。

瞋是梵文 pratigha 的漢譯。pratigha 是由「返回」、「相反」之意的接頭詞 prati +意謂「打」、「殺」的動詞語根√han-2 +名詞語基構成音 a 構成的陽性名詞。其演變過程如下：prati +√han → gh + a ＝ pratigha。依據以上的解析，可知 pratigha 的本意雖是「向對方打或殺過去」，但由此而引申為妨害、抵抗；與對方爭鬥；激怒、憎惡。漢譯除了「瞋」外，尚有「罣礙」、「有對」、「有憎」、「惱亂」等。

滿腔怒火，傷人傷己

瞋是憤怒，而成為憤怒對象的是眾生。內心充滿瞋恚憎惡者，對人不可能溫柔體貼，亦即不會善待別人，甚至反而想盡辦法去傷害他所怨恨的人。他思思念念的既然是如此，那麼，他的心是冷酷的、沒有絲毫的溫暖。瞋心者有如一座超大的冰庫，進入其中的人會很快就被凍僵；瞋心者更像一座荊棘林，靠近它的人會立即被刺得遍體鱗傷。遇到這種人時，上上策就是趕快遠離他，不要和他有任何接觸。

遇到心中滿懷瞋念的人，會是一件快樂的事嗎？答案是絕對不會。其實，心中懷瞋念的人，他一心一意所想的全是：殺害、捕縛等對諸眾生盡是有害無益的事，因此，他不可能施給別人些許的關懷和協助；因為他的心很冷酷，當然也不可能給予別人一絲溫情。所以遇到瞋心者是絕對不會快樂的。反過來問：瞋心者本人會快樂嗎？答案一樣是不會。這種人做出種種惡行，讓受他傷害的人都苦不堪言。他這樣做，可能只有發洩掉滿腔的怒火，讓自己的內心舒坦些而已，然而他可能因為傷害他人而接著必須面對司法的審判、制裁。

只為逞一時之快而做惡犯法，這不是因小失大嗎？凡愚之人就是會因心性不成熟而不做深入的思考探究，以致為自己帶來很大、有時甚至大到自己都承擔不起的不堪後果。這種人就是《雜阿含經》所說的「愚癡無聞凡夫」吧。這六個字無論是用說的或用寫的都很容易，但要把這個標籤徹徹底底地除掉，可能需要一生，不，生生世世的努力。

內心懷憂，身心痛苦

如上所述，被瞋心者傷害的人一定受苦，但施害於人

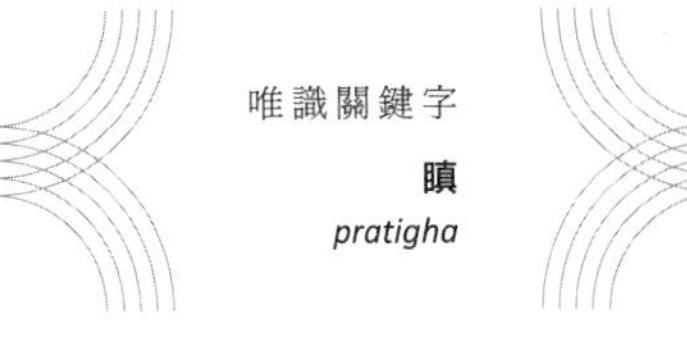

的瞋心者就不為苦所折磨嗎？瞋是憤怒，而心懷憤怒者絕對不會心平氣和；其實心中充滿瞋恚的人是藉表現於外的瞋恚，把內憂掩蓋住。心懷瞋怒，並以傷害、捕縛等惡行把瞋怒爆發出來的人，實際上心中是懷有憂慮的；他可能不滿或擔心什麼，可是由於天性凶惡，又欠缺修養，以致不能自制，而暴怒橫行；或由於無知而不知所措，最後就基於本能做出暴力的行為，如打、殺等。這樣一來，不但傷了別人，也傷了自己；真是慘不忍睹的雙輸結果！

上述有瞋心的人必定懷憂，而懷憂者內心一定為苦惱所折磨；接著，身體也隨應心的痛苦而完全陷入痛苦之中。在身心雙受煎熬的情況下，言行舉止也可能顯露出暴戾之氣。又，由於身心雙雙受苦，以致在一切事項上也難免遭到障礙不順。由此可知：以惡行洩憤也是一件愚癡的行為。

正如有貪心的人因為不知道不該貪而貪一般，有瞋心的人也由於不知道不該瞋而瞋，以致做出惡業，並再由這惡業滋生出不一定承擔得了的苦果。總之，有瞋心的人在日常生活上，不可能幸福快樂，主要的原因是他的瞋恚控制他整個身心，使他不能捨斷任何出自瞋怒的惡行。安慧論師在《唯識三十頌釋論》中註說：「瞋以給予不安住和惡行依止為業（pratigho’sparśavihāraduścaritasaṃniśraya=dānakarmakaḥ）。」這意謂瞋的作用就是促成不安住（不愉快）以及惡行。看，瞋的禍害有多嚴重！

煩惱相隨，根枝交纏

瞋和貪都是六個根本煩惱之一。而與瞋有關的枝末煩惱也有九個，在全部枝末煩惱中，占了將近一半。由此可見大、小煩惱之間的連結非常強烈。

由瞋這條「根」獨立衍生出來的「枝」有五：

1. 忿（krodha）：因現前遭遇不利於自己的事而內心生起的憤怒。

2. 恨（upanāha）：內心的怨憎持續著，不減不滅。

3. 惱（pradāsa）：以粗暴的語言傷害他人。

4. 嫉（īrṣyā）：內心對別人獨享幸福感到憤懣。

5. 害（vihiṃsā）：損惱眾生。

其次，由瞋和貪、癡此三根本煩惱合力引發出來的枝末煩惱有三：

6. 無慚（āhrīkya）：自己犯錯，卻絲毫不覺得自己很羞恥。

7. 無愧（anapatrāpya）：自己做了傷天害理的事，對別人卻不覺得很羞恥。

8. 散亂（vikṣepa）：心向外擴散，即心投向種種所緣（對象）以致流盪不定。

此外，由瞋和貪、癡此二根本煩惱及懈怠此一枝末煩惱共同促成的枝末煩惱有一：

9. 放逸（pramāda）：不維護心，不令它遠離貪、瞋、癡等煩惱，以致不善增長而善衰減。

諸惡莫作，眾善奉行

貪是病，而由它獨力，以及和瞋、癡、懈怠合力促起的九個隨煩惱，都是它的併發症。瞋和與它有關的九個枝末煩惱也是如此。不論是根本煩惱或枝末煩惱，它們都像是破壞身體健康的病毒；它們之間的差別只是所含的病毒量多或少而已。

目前在臺灣鬧得沸沸揚揚的黑心油問題，可說是三十年前在彰化縣永靖鄉發生的「米糠油事件」的翻版。米糠油也是一種黑心油，當年受害者的身心，到現在還大受折磨。據專家的說法，米糠油含有被稱為「世紀之毒」的戴奧辛，歷經祖孫三代約百年，這種毒的作用才會減輕。現在的黑心油，據檢驗，也含有劇毒。在此不禁要問：臺灣真的也要在一世紀後才能擺脫這種由不良商人所造成的大不幸嗎？

這種由「世紀之毒」促成的百年之苦已夠令人痛不欲生了；相形之下，由煩惱所致的惡業的苦報，要到什麼時候才能終止呢？答案是多生多劫。更可怕吧！不良商人能用他們現今造作不法的惡業而獲得的金錢，解決掉他們往後必定遭受的苦報嗎？答案是當然絕對不能。只有愚癡無聞凡夫才會以為金錢萬能，連鬼神都可以收買吧！正信佛弟子切莫如此，應趕快努力奉行「諸惡莫作，眾善奉行，自淨其意」這個諸佛之教，以便能早日剪破瞋網、解開瞋結。種種煩惱都是苦果的根源，只要普天之下的一切有情眾生把它們捨斷，大家自然就能離苦得樂——本師釋迦牟尼佛的誓願及修行目的。

——原刊於《人生》雜誌 376 期（2014 年 12 月）

03

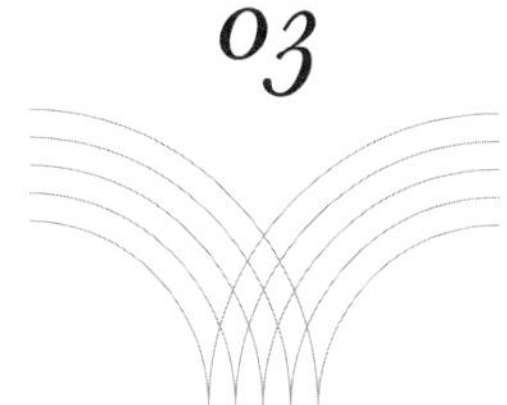

癡
moha

moha 漢譯除了「癡」之外，

還有迷惑、迷亂、迷醉等意，

是六大根本煩惱之一，

讓有情眾生一再地在六道輪迴。

唯有了解癡的本質，透過聞、思、修三步驟，

不斷地捨癡得慧、得慧捨癡，

才終有一日得以不再受輪迴六道之苦。

梵文 moha，是由√muh-4 → moh ＋名詞語基構成音 a 組成的陽性名詞；√muh 意謂困惑、失去知覺、陷入混亂。漢譯除了「癡」之外，尚有迷惑、迷亂、迷醉；忘、失、苦等。由以上的解析可知：癡是無知，然而，無知的對象是什麼呢？也就是說，對什麼無知呢？

安慧論師對這個問題提出的答案是：「癡（是）對諸惡趣、對善趣、對涅槃、對使其成立的諸因，以及對其不顛倒之因果關係的無知（moho 'pāyeṣu sugatau nirvāṇe tatpratiṣṭhāpakeṣu hetuṣu teṣāṃ cāviparīte hetuphala=saṃbandheyadajñānam）。」癡的作用促成了雜染的生起，而雜染有三種，即：煩惱雜染、業雜染和生雜染。漢譯「雜染」的梵文是 kleśa。它源自有「苦惱」、「汙穢」之意的動詞語根√kliś-4，即：√kliś → kleś ＋ a（陽性名詞語基構成音）＝ kleśa。

三種雜染，依癡而生

首先解說煩惱雜染。漢譯的佛教經論上，kleśa 被譯作「煩惱」。有情眾生會覺得苦惱，是因為內心汙穢。在六種根本煩惱心所（貪、瞋、癡、慢、見、疑），和二

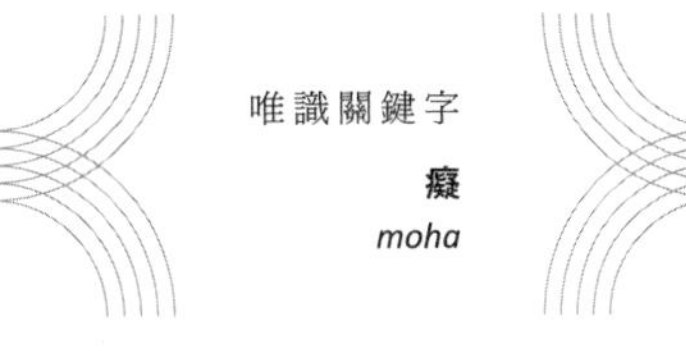

十種枝末煩惱心所（忿、恨、覆、惱、嫉、慳、誑、諂、憍、害、無慚、無愧、惛沉、掉舉、不信、懈怠、放逸、失念、散亂、不正知），以及四種偏向惡的不定心所（悔〔惡作〕、眠、尋、伺）的纏縛下，有情眾生的整個身心不得自在，沒有絲毫的輕鬆愉悅。以上說的就是煩惱雜染，即：種種煩惱所造成的雜染（汙穢苦惱）。

其次要提及的是業雜染。「業」是梵文 karman 的漢譯。karman 是由有「做」、「實行」之意的動詞語根 √kṛ-8 做成的中性名詞（√kṛ → kar ＋ man ＝ karman），因此被漢譯為「業」、「行」。業雜染是因前一個雜染，即煩惱雜染而生起的。此前後兩個雜染有因果關係：前者為因，後者為果；也就是說，由於有煩惱雜染而有業雜染。煩惱是汙穢的，因此有情眾生在種種包括根本和枝末煩惱的驅使下，必定會做出不好的行為，即惡業，而這種由內心的煩惱做出來的惡業，當然不會是清淨的。惡業的汙穢不淨，就是業雜染。

在三種雜染中，煩惱雜染是第一種，業雜染是第二種，生雜染是第三種。依據以上所述第二的業雜染，是以第一的煩惱雜染為因而生起，可推論第三的生雜染是第二的業雜染為因而生起的，即：生雜染是果。有情眾生一再地在六道輪迴，都是由於業力的牽引所致：造畜生道的業最多、最嚴重，死後就要墮入畜生道，即：生為畜生而受被鞭打、被殺害等苦。依此類推，其他五道也是隨業受報：業有善惡之分，報也有樂苦之別。

一般凡夫喜歡慶生，但在佛教，生也被視為一種苦：有情眾生不論輪迴到哪一道，都要受苦。或問：「六道不是分成三惡道和三善道嗎？在三惡道必定受苦，是無庸置疑的，但三善道不是也有樂嗎？天道最樂，人道多少也有些樂啊！」答：「在六道中，苦真的是痛徹心扉的苦，而樂雖是樂，卻是無常的、會變壞的。不是常有樂極生悲的不幸事件發生嗎？」古代的中國皇帝，如秦始皇之流，追求長生不死，而佛教卻視生為畏途，這是因為前者以為長生不死是快樂的事，而後者以為生畢竟會導致痛苦。

捨不正知，不貪得樂

以上闡明的是：這三種雜染是依止癡而生起的；換言之，沒有癡，就不會有這三種雜染，亦即最後不會嘗受輪迴六道的苦果。那麼，什麼樣的人會受到這樣難以忍受的果報呢？

根據安慧論師的說法，世間只有愚癡的人才會先生起邪智、疑、貪（mithyājñāna-saṃśaya-rāga）等煩惱，然後做出能引起未來再墮入六道受生輪迴的惡業，到最後生在六道受種種折磨而痛不欲生。為什麼呢？因為愚癡者有邪智（mithyā ＋√ jñā-9 ＋ ana ＝ mithyājñāna），亦即不正知（a ＋ sam ＋ pra √ jñā-9 → jana ＋ ya〔fpp. suf.〕＝ asaṃprajanya）。不正知是隨煩惱之一，它含有慧的成分，但因為與煩惱相應，所以它變成不正確的慧，即不正知。邪智終會促成犯戒，因為有邪智者不能確知什麼行為可以做、什麼行為不可以做。

其次是 saṃśaya（＝ sam ＋√ śī-2 → se → say ＋ a），它和 vicikitsā 是同義異語，都被漢譯為「疑」，都意謂不能分辨判斷。前者指人在懷疑時，心亂成一團，以致分不清什麼行為該做，什麼行為不該做，而後者則是對某些事的本質感到猶豫、不能確定。疑確實帶有慧的成分，saṃśaya 和 vicikitsā 都和煩惱相應，因此它們內含的慧也就質變，而被納入煩惱之列。

最後說貪（√ raj-4 → rāk → rāg ＋ a ＝ rāga）。根據安慧論師的詮釋，貪是對生存和享樂的耽著和希願。喜歡並渴望活久一點，愈久愈好，以及隨時隨地都能享受富貴榮華，但若都落空，會是什麼光景呢？想想八苦之一的求不得苦，應該就會明白：從貪這一端出發，到最後的另一端，只有苦，沒有別的；相反的，若一端是不貪，則另一端就是樂。

人生不是是非題，而是選擇題，在上揭的「貪→苦」和「不貪→樂」此二者中，有智慧者和愚癡者會做同樣的選擇嗎？當然不會。因此，安慧論師說：只有愚癡者會生起煩惱雜染、業雜染和生雜染，而有智慧者不會得到這種苦果。為什麼？

捨癡得慧，得慧捨癡

捨癡得慧是就最後的結果而說的。一般凡夫以為把骯髒去掉，就會變乾淨。其實不然。除去汙穢後，還得用力清理一番，才會徹底乾淨，就像越過規定數目的低欄，也還要再向前衝一小段路，才算達到最後的目標。因此，捨癡與得慧之間，還有一段距離。捨癡這種事也只有愚癡的人才需要做。得慧者若已完全排除愚癡，他必須做的，當然是更努力增長智慧。然而，要捨癡，首先必須承認自己確實愚癡。有善法欲，即好樂善法，才可能痛覺自己的智慧力有所不足，於是開始加倍努力——進步的最重要途徑。能得到一分慧，就會捨去一分癡，於是慧愈來愈增長，而癡愈來愈減損。因此，從修持的歷程來看，正確的說法應是得慧捨癡。

得慧所必須具備的先決條件，依據佛教，是透過聞、思、修這三個步驟學習。聞是耳聞，即以耳朵聽聞老師授課。古代印刷術不興，因此最初學生沒有書籍可讀，後來有手抄本，但數量極少，讀書變成少數出身名門望族者的專利。要等到印刷術大為提昇，才有較多的書供給較多的人閱讀。敘述以上這些老掉牙的故事，是為了提醒現代的佛教徒比佛世的佛弟子幸福、富足許多，所以沒有理由不多讀佛書。言歸正傳，聽聞之後要思考老師所教的內容，接著在坐禪中把所聽所思的再加以觀想一番。這是古代佛弟子學習的三個方法和過程，很值得後世的我們效法。

經過這樣紮實的學習，當然會得到智慧，因而把愚癡除掉，就像光明一出現，黑暗就消失那樣。既已成為具有智慧而沒有愚癡的人，則必然不會有邪智、疑、貪等煩惱；既已提昇到這個地步，則必然不會造作殺生、偷盜、邪淫、妄語、飲酒等惡業；既已不造作惡業，則終有一日必然不再受輪迴六道之苦。

依據上述，可看出：佛教，正如十九世紀初歐洲學者所說，是「a religion of reason」（理性的宗教）。二千五百年前，印度的悉達多太子捨棄家庭、權位、財富等，而遍行各地去學習、修行。他一心一意要尋求的是離苦得樂的方法，他這樣做不是只為他個人而已，而是為世世代代、無量無數的有情眾生。佛教被稱為「世界宗教」，原因就在於此。捨家去修行的悉達多太子後來被尊為「釋迦牟尼佛（出身釋迦族的聖人）」，原因也在於此。後世的佛弟子，除了父母恩，還必須感謝佛恩，因為他給我們慧命。佛弟子啊！感謝佛恩，不是只念「南無本師釋迦牟尼佛」就夠的，而是要讓自己「深入經藏，智慧如海」。釋迦牟尼佛最喜歡的，應是具足智慧的佛弟子。

——原刊於《人生》雜誌 396 期（2016 年 8 月）

04

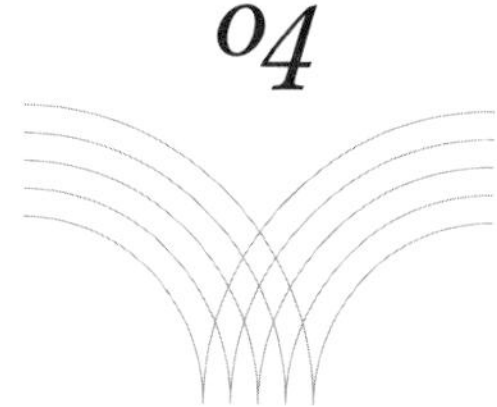

慢
māna

慢，是六大根本煩惱之一，指人高傲自大。

安慧論師從發生的原因將慢細分為七種：

慢、過慢、慢過慢、我慢、增上慢、卑慢、邪慢。

慢會產生不尊重和痛苦的作用，

也讓人身陷輪迴之中，唯有智慧讓人解套。

「慢」是六大根本煩惱之一。它是梵文 māna 的意譯，意思是高傲自大。人只要內懷驕傲的心理，他一定擺出一副不可一世的姿態；他表現於外的語言和行為，也勢必會讓別人難以忍受。

傲慢的人與禮貌絕緣，也不知道體諒別人。有一天當他遇到一個比他更貢高我慢的人，那時他就明白自己的言行有多大的殺傷力。「慢」像澳洲土著打獵時所使用的彎曲堅木（boomerang，即一般俗稱的「迴力鏢」），這種堅木會反折回原處傷及使用者。

七種慢心，高傲自大

不論是誰，高傲的心理、言語和行為，看起來都很類似，但安慧論師從傲慢發生的原因將它區分成如下七種：

	種類	釋義
一	慢 （mānaḥ）	以為自己的種種條件，如家世、知識、財產等，比那些在這幾方面差的人更優越，或和相等的人一樣，沒有高下之別。

二	過慢（atimānaḥ 或 adhimānaḥ）	以為自己的布施、持戒等德行比那些在家世、知識、財產等方面和自己相等的人更優越，或以為自己的知識、財產等和那些在家世、學問等方面優越的人相等。
三	慢過慢（mānātimānaḥ）	以為在家世、知識、財產等方面，自己比那些優越的人更優越。
四	我慢（asmimānaḥ）	對已離我及我所的五取蘊仍執著我及我所，心因而生起的高傲。
五	增上慢（abhimānaḥ）	尚未證悟卻說自己已證悟，這種心的高傲。
六	卑慢（ūnamānaḥ）	以為自己比家世、知識、財產等非常優越的人只差一點點，這種出於自卑的傲慢。
七	邪慢（mithyāmānaḥ）	無德卻自稱有德的心之高傲。

其中，第一項的慢，可說是關於傲慢的通論，而第二到第七是別論。又，過慢、慢過慢、卑慢可合成一組來解析、探究。第四、五、七項的我慢、增上慢和邪慢，涉及佛教比較高層的思想，本文暫不討論。

一個人會因為傲慢而對別人不禮貌、輕視、頤指氣使，大多因為他自以為在某些方面比別人優越；他擁有引以為傲的東西，例如家世、財產、知識、地位、職權、容貌、身材、聲望、成就……。當一個內心自大的人，外表上很可能自誇，顯示出一副盛氣凌人的架勢。他的舉止粗魯無禮，言語也一樣。

因有身見，以我為尊

為什麼人會這樣？人不會無緣無故就生出慢心，並由慢心發出高傲的言行。事出必有因，探討諸法的因緣正好是佛法的強項。

佛法不只從傲慢的身口業追溯傲慢的意業，而且非常深入地探尋到慢心的根源，是「有身見」。有身見是梵文 satkāyadṛṣṭi 的意譯，或作我見（ātmadṛṣṭi），也音譯為薩伽耶見。dṛṣṭi 相當於「見」，指不正確的見解。sat 是存在之意，kāya 則意謂身體。因此，有身見或薩伽耶見，可解作主張有身體存在的錯誤看法。這種見解之所以也被當作「我見」，是因為它主張五蘊——眾生的身心——有我和我所（屬於我的東西）。我見者說：「我是這個，這是我的。」

若有我見，則勢必引起自他的對立。由於認為有我及我所而生起慢心者，藉由自己所擁有的種種優越條件來抬

高自己的身價，並進而以為自己比別人優秀，於是高傲的言行舉止隨著慢心發出，不知道以禮待人，更不曉得客氣為何物。

唯有智慧，破解卑慢

「慢」以心的貢高我慢為特質。這種特質會導致什麼作用？安慧論師提供的答案是：它給予不尊重和痛苦的產生依止；換言之，對人不恭敬以及陷入痛苦是由傲慢促成的。

不尊重，是指對師長和有德之人倨傲不遜，在行為和言語上表現不謙讓；至於痛苦的發生，則是指輪迴再生不已。一般而言，學生因為接受師長的諄諄教導，所以才學業有成，人品也因而提昇。因此，晚輩對前輩尊重，乃理所當然。對有德之士應恭敬有加，也是天經地義。對師長和有德者，從內心到外在的言行，都傲慢無禮，這不是違背「上報四重恩」中的師長恩嗎？

佛陀在四聖諦中，以苦為第一聖諦。他所說的苦是什麼呢？那是就輪迴而說的。凡夫的貪、瞋、癡一再復發，雖然完全除掉的那一天就是成佛時，而那一天是要歷經三大阿僧祇劫。在這樣漫長的歲月中都要與苦為伴，這是一件多麼煎熬折磨的事啊！有智慧的佛弟子會知道：在菩提道怎樣排除種種障礙！

過慢是對一個在家世、知識、財產等方面和自己一樣的人，以為自己在布施、持戒等方面比他更勝一籌，或在和家世、知識等方面比自己更優越的人相較之下，以為自己在知識、財產等方面和他一樣優越，絲毫不差。以為自己在家世、知識、財產等方面遠超過那些在家世、財產等方面優越的人，則是慢過慢。

至於卑慢，是指對條件遠比自己優越的人，以為自己只差他一點點。自己遠不如他人，卻也很高傲自大地說自己其實還不錯。根據上述，可知會驕傲的包括條件好的人，以及條件不好的人。總之，不論條件好與否，都一樣會引發傲慢的心意、言語、行為。

又，一般人對自卑者的印象，都以為他會畏畏縮縮、欠缺自信。然而，從「卑慢」一詞看來，事實不然。自卑的人雖會覺得自己不夠好，但他真的會因自己的條件不如人而在人前抬不起頭嗎？未必，有時自卑的人反而表現出驕傲的姿態，是不無可能的。卑慢有二重障礙：同時既自卑又自大。兩種完全不同的情緒混雜在一起，麻煩的後果不是更大、更難處理嗎？不管問題多麼困難，還是要想盡辦法解決。辦法出自何方？答案是 prajñā（音譯為「般若」，意譯為「智慧」）。

——原刊於《人生》雜誌 347 期（2012 年 7 月）

05

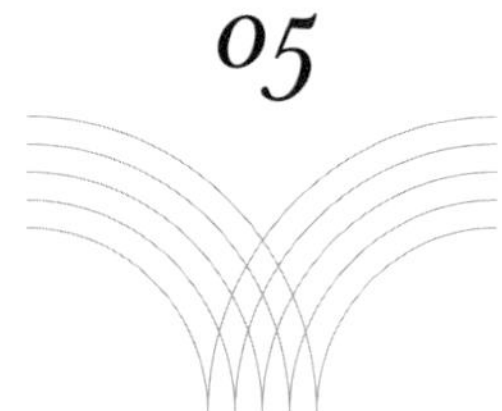

見
dṛṣṭi

dṛṣṭi 漢譯為見，原意是「注視」、「視覺」等，
引申為「意見」或「見解」，
但特指不正確的見解，即邪見。
在《唯識三十頌釋論》，專指與煩惱有關的五見，
皆以煩惱為本質，與煩惱相應，
煩惱可說是汙染源，如何袪除染汙，
去汙劑就是「般若」，用智慧解脫煩惱。

梵文 dṛṣṭi，漢譯為「見」，是由有「看見」、「以為」、「確認」、「觀察」、「注意」等意的動詞語根 √dṛś-1＋陰性名詞語基構成音 ti，而成的陰性抽象名詞。它的原意是「注視」、「視覺」等，但引申為「意見」或「見解」；出現於佛教經論中，有斷和常二見、有和無二見、人和法二見、世間和出世間二見，有多達六十二見、百八見，不勝枚舉。

煩惱相應，五見邪見

dṛṣṭi 特指不正確的見解，由此可知：dṛṣṭi 雖譯作「見」，但實際上是指「邪見」。就數量而言，邪見當然很多，但在《唯識三十頌釋論》，邪見專指與煩惱有關的五見：

1. satkāya-dṛṣṭi：音譯為薩伽耶見，意譯為有身見或身見。

2. antagrāha-dṛṣṭi：意譯為邊執見或邊見。

3. mithyā-dṛṣṭi：意譯為邪見。

4. dṛṣṭiparāmarśa-dṛṣṭi：意譯為見取見。

5. śīlavrataparāmarśa-dṛṣṭi：意譯為戒禁取見。

其中，除 mithyā-dṛṣṭi，其他四見都與「五取蘊」有關聯。首先，有身見或身見，根據安慧論師在《唯識三十頌釋論》的註解，是將「五取蘊」誤以為我我所（是我、是屬於我的）的見解。調伏天*的《唯識三十頌釋論疏》，更針對安慧論師的註解做進一步的詮釋：「將五取蘊視為我的行相和我所的行相的，全是有身見。」並說：「有漏的諸蘊被稱為諸取蘊。」將後句的前後文略做比對，即可看出「取」就是「漏」，而「漏」和「煩惱」是同義異語。因此，「五取蘊」可說是為煩惱所染汙的五蘊，將這樣不清淨的身心視為我我所的見解，當然是錯誤的，也不是正見。

其次，邊執見或邊見中的「邊」意謂「極端」，由此可知邊見是極端主義之意。極端主義通常指兩個完全相反、對立的思想。例如：認為世界永遠存在且絕不毀滅，就是「常見」，但看作會斷滅即非永恆，則是「斷見」。上揭五見中的邊執見，和有身見一樣，也以「五取蘊」為推度的對象，而把它視為常恆或斷滅。把那被誤以為我我

---

* 調伏天，梵名 Vinātadeva，印度佛教因明學的著名學者，西元 700 年左右的唯識學派思想家，生平不詳。

所的「五取蘊」當做永遠存在的見解，即是「常見」；若相反而以為五取蘊會斷滅即非永恆，則是「斷見」。不論是「常見」或「斷見」都屬於邊見，亦即極端論。不論執取的是哪一種邊見，其實都是錯誤的。

顛倒是非，名謗實事

又，其次，見取見，依據安慧論師的註解，是視「五取蘊」為最上、殊勝、最善、第一的見解。接著是戒禁取見。安慧論師說它是把「五取蘊」視為清淨、解脫和出離的見解。根據調伏天的《唯識三十頌釋論疏》，「五取蘊」有最、勝、上、妙的行相：「最」，是因為它究竟；「勝」，是因為它勝過其他；「上」，是因為除它無餘；「妙」，是因為它無比。又，說「五取蘊」清淨，是由於它洗掉罪惡之垢；說它解脫，是由於它遠離煩惱之縛；說它出離，是由於它到達涅槃。把「五取蘊」美化到那種程度，非常不恰當、完全不正確，因此說見取見和戒禁取見是邪見，並無不妥。把有漏的五蘊說成最、勝、上、妙、清淨、解脫、出離，不是很荒謬嗎？

最後，mithyā-dṛṣṭi 的 mithyā 意謂不真實、不正、虛

偽等；加上 dṛṣṭi，就漢譯為「邪見」。其實，上述的四種見也都可說是邪見。邪見種類繁多。或許《唯識三十頌釋論》所列舉的五見中的邪見算是狹義的邪見，因為安慧論師說：「基於哪一種邪見而毀謗因、或毀謗果，或損減所做和實事的見解，都是一切見中最邪惡的，因此被稱為邪見（yayā mithyā-dṛṣṭyā hetuṃ vāpavadati phalaṃ kriyāṃ vā sadvā vatstu nāśayati sāsarvadarśanapāpatvānmithyā=dṛṣṭirityucyate）。」這些以外的「邪見」即是廣義的「邪見」吧。在因、果、所做和實事四者之中，前二者比較容易了解，但後二者則很難明瞭。依據調伏天的《唯識三十頌釋論疏》，「因」指有布施、供施、燒施、善行和惡行之相的因；「果」指異熟果，是有此世間、彼世間之相的果；「所做」指父母所做；「實事」指阿羅漢等的實有事物。總之，對佛教而言，這種見解在一切見之中最為邪惡，因此被視為「邪見」。

無漏正見，趣向清淨

見解有善惡、正邪之分。上述五種見既不是世間的正見，更不是無漏的正見。世間的正見不像出世間的正見具

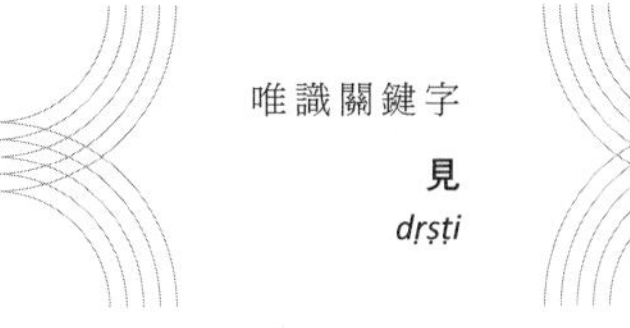

有絕對的真實性，反而在時間上、性質上都是相對的，例如在某個時期內，被奉為不可逆的真理，但因一切法無常，以致過了一段時間後，世人不再視為絕對，因而不重視它，甚至改變它、捨棄它；這或許是它不合時宜所致。

又，無漏的正見，是指與無明煩惱不相應的正見；也就是說，它是會引導眾生趣向涅槃、出離的清淨見解，不受時間、地點的限制或影響。兩相比對下，可知本文所探討的五種見解都不是世間的正見，也都不是無漏的正見，應屬惡見或邪見。因為它們都是以煩惱為本質，所以在性質上可說都是染汙的；此外，它們都有推度的行相；邪見之外的四種見都是以「五取蘊」做為推度的對象。而「五取蘊」本質上是雜染不淨的，因此以它做為推度對象的推度行為，當然也同樣雜染不淨。從與煩惱相應和推度「五取蘊」這兩點來看，儘管有身見等五見沒有任何殊異，但它們在所緣和行相上彼此還是有些差別，因此被區分成這五種見。

上述五種見的相似之處，在於都以煩惱為本質，都與煩惱相應。世界上，不論是物理的、生理的或心理的法中的哪一個，只要沾染上煩惱，就是汙穢不淨的。五蘊是色蘊、受蘊、想蘊、行蘊、識蘊。其中，色蘊有廣、狹二義之分。廣義的色蘊指自然界的一切物質，而狹義的色蘊指有情眾生的身體；至於其餘的四蘊則純屬心理，即感覺、認識、意志和知覺。煩惱，不論是根本的或枝末的，都是汙染源，只要色法或非色法與它有碰觸，就變汙穢。

解脫煩惱，心淨國土淨

以佛國為例，分成二種：1. 淨土；2. 穢土。前者完全排除煩惱的汙染，即那裡的有情眾生已遠離煩惱，一心一意在學習佛法；後者則是有情眾生的煩惱非常深重，他們為煩惱所束縛而不由自己地造作種種惡業，以致嘗受種種苦報。淨土有佛，如阿彌陀佛，而穢土也有佛，如釋迦牟尼佛。前者為發願往生淨土的有情眾生創立極樂世界，並以大乘法教導他們；而後者留在娑婆世界，以三乘法教化不斷在六道輪迴的有情眾生。佛教標榜的理想是：一切有情眾生都得到解脫。解脫什麼呢？煩惱。

以上說煩惱是汙染源，因此佛弟子若想達成解脫煩惱的理想，勢必要能斷除煩惱，也就是說，要有去汙劑，但它是什麼？要怎樣做才能得到它呢？去汙劑就是般若（prajñā，智慧）——煩惱的剋星。佛弟子若能「體解大道，發無上心」，並「深入經藏，智慧如海」，則煩惱自然遠離消失，而身心清淨的有情眾生所在之處不就是淨土嗎？「心淨國土淨」，誠然！

——原刊於《人生》雜誌 377 期（2015 年 1 月）

06

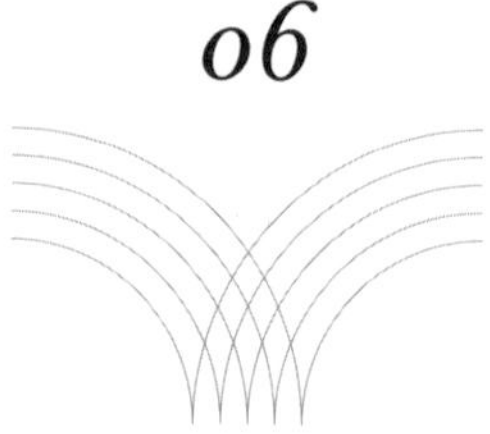

疑
vicikitsā

vicikitsā，漢譯為疑，同義的有猶豫、疑惑、狐疑等，
是六大根本煩惱之一，
因為對業、果報、四諦和三寶的猶豫、不確信，
而成邪智，
身為佛教徒必須揀擇諸法，透徹地思量、觀察世間實相，
當智慧顯露，將不再疑惑。

「疑」是梵文 vicikitsā 的漢文意譯。vicikitsā：vi＋cikit（重複√cit-1 而成：ci〔重複音〕＋√cit → kit）＋sa（意欲動詞語基構成音）＝ vicikitsa → vicikitsā。其中，vi 是接頭詞（pref.），有「分開」、「欠缺」、「遠離」之意，而 cikitsā 是由√cit-1 的意欲動詞的現在語基 cikitsa 做成的陰性抽象名詞，有「治療」之意。√cit-1 有「了解」、「知覺」、「注意」之意。從 vi 與 cikitsā 合成 vicikitsā，可推知它也有「無可救藥」的意思。此 vicikitsā 意謂對某些事的本質感到疑惑、不能確定，為六根本煩惱之一。漢譯除了「疑」之外，尚有「猶豫」、「疑惑」、「狐疑」等。動不動就懷疑，不經理智的揀擇，真的會「成事不足，敗事有餘」。

安慧論師在《唯識三十頌釋論》中，為「疑」所做的定義是「對業、果報、四諦和三寶的猶豫（vicikitsā karmaphalasatyaratneṣuvimatiḥ）」。vimati 有「猶豫」的意思；它也是由有「欠缺」等意的接頭詞 vi＋有「理解」、「覺知」之意的動詞語根√man-4＋ti（陰性名詞語基構成音）而構成的陰性抽象名詞（vi＋√man-4 → ma＋ti＝vimati）。如上述，它意謂內心充滿不理解、不能做任何確定。對什麼事感到迷惑、不能確信呢？答案是業、果報、四諦和三寶。從這一點來看，可知問題非常嚴重，因為被疑惑、不能被確信的，竟然是佛教的核心教義。有這種疑惑者，可以說徹底不了解佛法。以下就業、果報、四諦、三寶這四項略作解說。

佛法根本，業報因果

首先略述業和果報。業是梵文 karman 的漢譯。karman 是中性名詞，源自有「做」、「實行」之意的動詞語根 √kṛ-8（√kṛ-8 → kar ＋ man〔名詞語基構成音〕＝ karman），因此 karman 必然也有相同的意思；在漢譯佛典以「行（行為）」或「業」表示。行為的源頭有三：身、口、意。由身體發出來的行為稱為「身行」或「身業」；由嘴發出來的行為稱為「口行」或「口業」；由心發出來的行為稱為「意行」或「意業」。

此三行或三業的根基是意行，也就是說，要先有怎麼樣的意業，然後才有怎麼樣的身業和口業；身和口是受心或意支配的。又，每個行為的出發一定有它自己的原因；這就是業因——造業的原因。若有因，則必有果；只有在因不夠充分有力時，果才會無法成熟。因此，不要嘗受苦果，就別先種下惡因。然而，愚癡凡夫連這個道理都不明白；要等到種下的惡因、生出苦果了，才知道「啊！完了」。難怪佛教界有這樣的說法：「菩薩畏因，眾生畏果。」

以上只是略微地說業有因有果。實際上，關於業，佛教有一套非常完整縝密的理論。在此只能簡要地說：業因是種種煩惱，而所有業果中，最嚴重的是墮入三惡道：畜生道、餓鬼道和地獄道。轉生此三道者，很難修行佛法，因為無時無刻不在難以忍受的痛苦中。

其次說四諦。佛陀第一次宣說的佛法就是苦、集、滅、道這四個真實法。在此四諦中，苦諦是根本。佛陀先肯定世間處處充滿苦，而那些苦都是有情眾生所要承受的。其次是追究苦因的集諦。有情眾生所受的苦果源自煩惱，而煩惱可就以下兩方面來分類：1. 是知見的差異；2. 是欲求的不滿。有情眾生之間的對立、衝突和爭鬥等都出自此二者。由此可知：只要有情眾生把邪知見改成正知見，並盡量節制種種欲求而少欲知足，個人和社會就會更加和諧快樂。

最後說三寶，即：佛寶、法寶和僧寶。先說佛寶。佛是智者；他覺悟一些真實法。此處用「一些」二字是依據佛自己說過的話：「我所說法如爪（手指）上塵，未說法如地上土。」由此可看出佛陀的謙虛。他只是 discover（發現）而不是 invent（發明）若干真實法，而且他也絕對不是真理的化身。簡言之，佛是法的發現者，是智者，是聖賢。其次說法寶，它是佛在發現後說給眾生聽、並希望他們努力實踐的真理。最後說僧寶，僧是每個時代追隨佛陀學習、修行佛法的出家眾；佛法就是靠他們才能一代一代地持續下去。因此，佛、法、僧三寶都是值得歷代佛教徒皈依的對象。

充分思考，揀擇諸法

安慧論師把 vicikitsā（疑）定義為 vimati（猶豫），並把 vimati 解作 vividhāmati（多種慧）。其中，vicikitsā 由「不同種類」之意引申為「多種類」，因為不同種類表示不只一種類。對此「多種慧」，安慧論師說它意謂「是（這樣）吧」或「不是（這樣）吧」，而這就是猶豫不決。「對業、果報、四諦和三寶的猶豫」，就是「不能確知確信業、果報、四諦和三寶」。

心中一下子以為業、果報、四諦和三寶是這樣，一下

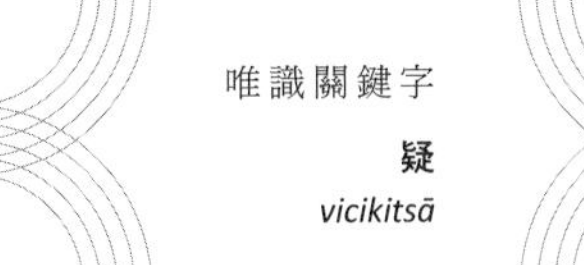

子又以為不是這樣；總之，搞不定此四者到底怎麼樣——這就是 vimati。vimati 是由 vi＋mati（√man → ma＋ti〔陰性名詞語基構成音〕）構成的。其中，vi 是接頭詞，有「離」之意，mati 則意謂「思考」、「知覺」等。vimati 可解作：因不多加思考、徹底認知，以致對事情的真相不能充分確定。mati，漢譯也作「慧」，但它不同於 prajñā（音譯為「般若」，意譯為「慧」）；至於 prajñā 和 vimati，它們之間的差異更大。vimati 雖然也是慧的一種，但卻含有「疑惑」、「顛倒」的成分，而 prajñā，在《阿毘達磨俱舍論》被解作「揀擇諸法（dharma-pravicaya）」。「揀擇」是梵文 pravicaya 的漢文意譯。「諸法」指一切法，即六根、六境和六識。「揀擇諸法」的意思，是對一切法做完整透徹的思惟觀察。聞、思、修所成三慧的「慧」，梵文用的是 prajñā。由此可知：如安慧論師在《唯識三十頌釋論》所說，vicikitsā（疑）或 vimati（猶豫），在本質上和 prajñā 是截然不同的。

根據原始佛教的分析，整個世界包含六根、六境和六識。六根指生理方面的法，六境指物理方面的法，六識指心理方面的法。這三方面總合起來就構成一個世界——有六根六識的眾生所依住的場所。任何有情都必須和他周遭的其他有情互信互助，且對他所賴以生存的世界也要愛護有加。唯有這樣做，個個眾生才能比較安穩地生活在世界上。

「佛法概論」之類的書，幾乎都在論述這些議題。這是佛法的基本內容；佛教徒不可不了解。那麼，要如何認知它們呢？要藉般若，亦即要去揀擇它們。那麼，揀擇又是什麼呢？如上述，它是完整透徹的思惟觀察。這點非常重要，絕對不可遺漏，因為《阿毘達磨俱舍論》（玄奘譯）說：「若無擇法（揀擇諸法），則無殊勝方便能滅諸惑（yato na vinā dharma-pravicayenāsti kleśa-upaśama-abhyupāyaḥ）」。「惑」是煩惱，梵文 kleśa 的漢譯。要滅種種煩惱，一定要先揀擇諸法，先充分了解世界，以及世界中的一切眾生，不論有情或無情。因此說：再沒有比它——揀擇諸法——更殊勝的滅惑方法。

智慧顯露，不再猶豫

一般會說：知道懷疑的人比較聰明，而連質疑一下都沒有的人是愚癡的。其實，人只要發覺、承認自己愚癡，他就有轉愚癡為智慧的動力；接下來只要他努力精進地

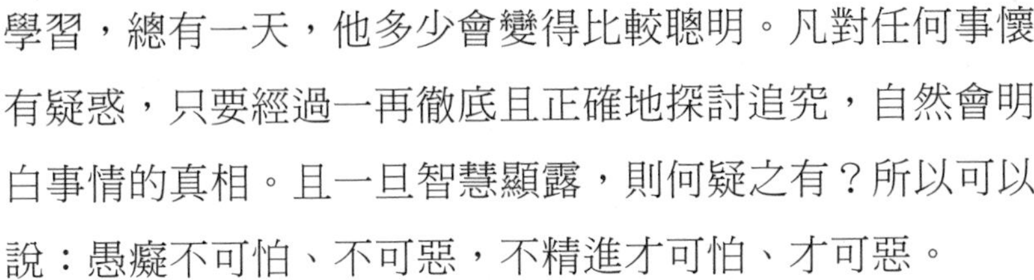
學習，總有一天，他多少會變得比較聰明。凡對任何事懷有疑惑，只要經過一再徹底且正確地探討追究，自然會明白事情的真相。且一旦智慧顯露，則何疑之有？所以可以說：愚癡不可怕、不可惡，不精進才可怕、才可惡。

如上述，「疑」亦即「猶豫」，固然也是慧的一種，但它摻雜疑惑、顛倒的成分，而揀擇諸法的般若慧完全不然。般若是直接對世間的一切做完整透徹的思量、觀察，因而能充分地覺知全部世間的真相。難怪安慧論師最後斷言：「疑（vicikitsā）完全異於般若（prajñātaś……jātyantarameva）」。佛弟子應確知：「疑」使我們走入歧路，而「般若」幫助我們順利安穩地走在菩提道上。至此，該捨哪一個、該修哪一個，不就一清二楚嗎？

——原刊於《人生》雜誌 397 期（2016 年 9 月）

第三篇 隨煩惱

小隨煩惱

忿 krodha
恨 upanāha
覆 mrakṣa
惱 pradāsa
嫉 īrṣyā
慳 mātsarya
誑 māyā
諂 śāṭhya
憍 mada
害 vihiṃsā

中隨煩惱

無慚 āhrīkya 與無愧 anapatrāpya

大隨煩惱

惛沉 styāna
掉舉 auddhatya
不信 āśraddhya
懈怠 kausīdya
放逸 pramāda
失念 muṣita-smṛti
散亂 vikṣepa
不正知 asaṃprajanya

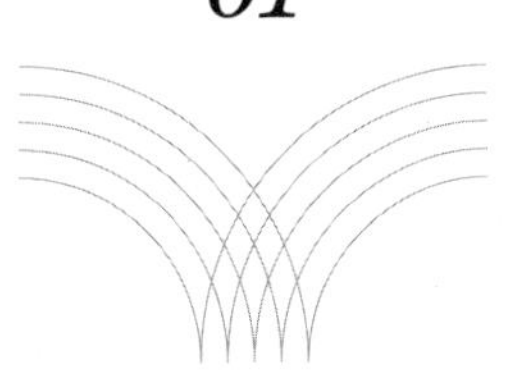

忿
krodha

忿，譯自梵文 krodha，

漢譯為怒、瞋、恚、瞋恚、瞋怒、瞋忿、忿怒、忿恨等，

安慧論師說忿是「瞋的一部分」，

當凡夫陷入瞋或忿之中時，內心會爆發怒氣，

從一個點延伸為線，乃至於面，殺傷力很大。

唯有用智慧之水徹底把瞋忿之火熄滅掉，

才能不讓尚有餘溫的灰燼殘留下來，成為另外一個禍根。

忿，譯自梵文 krodha，而 krodha 是由動詞語根 √krudh-4 重音化為 krodh 後，再+名詞語基構成音 a 所形成的陽性名詞。出現於漢譯佛經的譯語，除忿之外，尚有怒、瞋、恚、瞋恚、瞋怒、瞋忿、忿怒、忿恨、忿恚、忿害、恚怒、瞋恨、嫌恨、瞋心。從這些譯語可看出：人在大怒時，還會夾雜著怨恨、嫌惡和意圖傷害的負面情緒。瞋怒非僅是一個點，而是會從一個點延伸為線，乃至於面。

總之，人不會大怒完就算了；他的心中還會有一些不健康的相關雜質，如忿、恨等，持續在發揮病態的作用。這時若沒有用正知見徹底把這些有毒的雜質排除，難免會接著製造出不堪的後果。

捍衛利益，忿火中燒

安慧論師對忿的註解是：「遭遇現前的不饒益事後內心的憤發（vartamānamapakāramāgamya yaścetasa āghātaḥ）。」由此可見，眾生心中忿恨不平是在他受到損害的時候。因此，若不要別人對自己懷著瞋恚之心，進而對自己做出傷害的言行，最好避免令對方覺得自己有不利於他的企圖，乃至做出損及於他的事。總之，人吃虧時，他的第一個反應是內心生起一團忿火，向四周擴散，可能傷及一些人，包括令他遭到不利的人，甚至是自己或一些無辜的人。一般人視此為人性，但無疑地，它是人性中比較低劣的部分；凡夫在對別人發火之前，往往沒有做理性的考量，也就是說，他沒有先啟動自己的智慧，以了解事情的真相，因此最後對自己或對別人都可能造成傷害。

古人說：「人不為己，天誅地滅。」其中，所說的「人」應不是指聖賢，而是凡夫吧；又，所說的「己」必然是指己利。這句話的意思是，人大多自私自利；這是後人對這句話的認知。然而，按照佛法，人若只顧自己，不知利益別人，是很難離苦得樂的。不論做什麼事，都先把自己的利益擺在第一位，難怪在受到妨礙、減損、破壞之際，一般凡夫莫不挺身極力捍衛，於是引發另一項更嚴重的事端——自己與他人之間的衝突、鬥爭、傷害等。這和佛陀的無諍之教是牴觸的。

如上述，人遇到不利於自己的情況時，他的第一個反應是忿怒，亦即內心非常火大。於是，他開始推想有人對他不利，進而質疑那個人的動機。他或許就會以這樣一個未經證實的動機為根源而無限上綱，致使相關的人與事之間的關係更加複雜、更加惡化。其實，這種情形正反映出：他的煩惱深重，因而使心混濁、失去正確認知的功能。在人的內心充滿怒火時，會說出什麼粗暴的語言、做出什麼粗暴的行為，已不足驚訝。

凡夫只因自己遭到不利，亦即吃了虧，就可能爆發成一件難以收拾的事。由此可知：要凡夫捨棄己利不是一件容易的事；又，由此也可看出，眾生利欲熏心的嚴重程度。縱使在遭逢不饒益事時，不能從佛法的角度去了解它、去處理它，至少要反向思考「塞翁失馬，焉知非福」，或許能因而排除些許怒氣，而令心舒坦一點吧！

忿怒大發，傷人害己

安慧論師說：人在內心忿怒時，會「以眾生和非眾生為對象，並且以給予鞭打等依止為業（satvāsatvaviṣayo daṇḍadānādisaṃniśrayadānakarmakaśca）」。凡夫在遭到不饒益事而心生瞋怒時，會很凶惡地對待他周遭的眾生和非眾生。眾生是指有生命的動物，包括人和飛禽走獸；動物不論有幾隻腳，牠們都是有生命的。非眾生則指沒有生命的物體，包括眾生居住的環境、及使用的種種器具，如：桌、椅、碗、盤、車等，以及其他東西。有人踩到狗屎而大怒，就虐狗出氣；有人與人爭執而忿忿不平，就拍桌、踢椅、摔碗盤，或開快車洩憤等。當然，這類莽撞的行為都是非理性的無知作法，或許能消一時的憤怒，但不論對自己或自己施暴的對象，都無絲毫的利益，可能反而有害——更大的害。

以上提及人在遭遇不利時忿心大發，就會對付眾生。那眾生指的是自己以外的，但也可能指自己。有些人在對別人一籌莫展時，有時反而採取自虐的方式。有時自己被誤會、被侮辱、被毀謗……，卻拿對方無可奈何，於是在劇烈的忿恨之餘，以傷害自己發洩心中的憤怒。這種自虐和虐他一樣錯誤，都是造惡業，一定會遭受苦果。

把有生命的別人或自己當作出氣筒，固然不對，而拿沒有生命的東西消氣，也不恰當。眾生有情識，而非眾生沒有，因此非眾生不會故意「冒犯」眾生。若只因為眾生火大，非眾生就要被損傷、被破壞……，這是毫無道理的。非眾生是無辜的；若自稱萬物之靈的眾生把災難帶給它們，那是出自深重煩惱的不如理作為。又，說得現實些，人因為生氣就毀損自己的生活用品，他終究還要再花錢購置，吃虧的畢竟只有自己。

自己的愚蠢行為導致自己的損失，能怪誰、怨誰呢？眾生要付出多少代價才能學乖，是很難估算的。又，眾生要到什麼時候才學到智慧，因而不再自找麻煩或為別人製造麻煩，也很難計算，但至少可知是在他們的煩惱完全斷除的那一天。

智慧之水，澆熄瞋恚

安慧論師說忿是「瞋的一部分（pratighāṃśikaḥ）」。瞋是貪、瞋、癡三個根本煩惱之一，而忿是隨煩惱之一。忿既然是瞋的一部分，那麼，它當然衍生自瞋。

不論是瞋或忿，都是以內心的憤發為自性（āghātāsvarūpa），因此二者沒有區別。這是說當凡夫陷入瞋或忿之中時，他的內心都會爆發怒氣。順著心中怒氣的爆發，接著自然發出凶惡的語言和行為：或以口怒罵等，或以身（四肢為主）打擊等，或以凶器傷人，甚至致人於死。嘴巴罵人不會在那個人的身體上留下傷口，但可能令他的心痛恨不已。這個藏在心中的痛恨或許會如星星之火，又引發另一場大災難。因此，在瞋恚之火熊熊生起

時，最好一次就用智慧之水徹底把它熄滅掉，別讓尚有餘溫的灰燼殘留下來，成為另外一個禍根。

——原刊於《人生》雜誌 356 期（2013 年 4 月）

02

恨

upanāha

梵文 upanāha，漢譯為恨、恨惱、怨、妬、嫉妬，
恨，是緊接在忿之後生起的隨煩惱，
都是由「瞋」此一根本煩惱衍生出來的。
安慧論師說：「恨是怨憎的延續。」
由忿而怨憎而嫌惡，至此「恨」成立，
一般人很不容易捨斷這種負面情緒，
只有透過佛陀教授的種種法門，
運用智慧來解脫苦因。

梵文陽性名詞 upanāha 被漢譯為恨、恨惱、怨、妬、嫉妬。它是由接頭詞 upa +解作覆蓋、包圍等的動詞語根 √ nah-6 重音化+名詞語基構成音 a 而成，含有包、束、遺恨、憎恚的意思。

人在透過粗暴的語言和行為，把心中的怒氣發洩出來時，還會留下一些東西在心裡，被包或被束在內心的那些東西就叫作「恨」。乍看起來，在發作的激烈度上，恨似乎沒有忿那樣高，但縱令它只能算是小火，它也有燎原的能耐。眾生能不謹慎防患嗎？

恨和忿一樣，都是由「瞋」此一根本煩惱衍生出來的。在佛經中，瞋和貪、癡都被比喻為火或毒。出自瞋的忿和恨，當然也可視如火或毒，只是傷人的程度沒有瞋那樣強烈而已吧。

忿忿不平，懷恨在心

人遇到別人對他做有害無利的事時，心中難免忿忿不平。用現代人的表達方式來說，忿是一種負面情緒。它會不會很容易就煞住、喊停就停呢？當然不會，因為它就像一條把人綁得緊緊、緊到難以解開的牢固繩索。緊接在忿之後生起的隨煩惱心所是恨。安慧論師的註解說：「恨是怨憎的延續（upanāho vairānubandhaḥ）。」vaira 本意為「敵對」。在它的眾多漢譯中，除了怨憎外，尚有瞋恚，也就是說，怨憎和瞋恚是有關聯的。在忿之後生恨，亦即先有忿怒而後有怨恨。由忿延續為恨，並不表示忿已徹底消除了，或許頂多只能說火勢減弱一些，但令人熱惱的力道還在。

在因別人做了對自己不利或傷害自己的事，而憤怒難消之後，對他生起怨憎；再由怨憎引起的嫌惡心，持續難捨，那就是所謂的「懷恨於心」。由忿而怨憎而嫌惡，至此「恨」成立，很不容易將它捨斷。簡言之，對人對事的嫌惡感，就是恨。因此，恨絕對不是愛的平行線；恨與愛是背道而馳的。

由上揭可知：一個負面情緒會促成另一個負面情緒發生，接著第二個負面情緒再引發另一個負面情緒，如此接連不斷，於是糾結成一團剪不斷理還亂的負面情緒。如果整個人陷入其中，愈陷愈深，以致愈難以跳脫，這不就是活在痛苦的深淵中嗎？又，這不就是佛陀所說「人生是苦」的涵義嗎？誰能處理這樣大的困苦呢？有什麼解決之道呢？只有真正的佛法修行者，才知道如何依法排除它吧。

人的心中剎那間就有許許多多的念頭生起，多到自己都弄不清楚，也應付不了。前念一滅，後念就無間生起；前、後念不但毫無間隔地發生，而且如此地持續不斷直到死亡。人如果一直浸泡在一個接一個出現的負面想法或情緒之中，那麼，他的身心一定會很不健康，每天的生活也會過得很不快樂。

觀照自我，照見無知

安慧論師說「恨」的作用是：「給予不忍（akṣānti=saṃniśrayadāna）。」akṣānti 漢譯為「不忍」，意謂難以忍受。不能忍受什麼呢？指完全受不了別人對自己做有害無利的事，而且還因此想要復仇；想用一切手段，即使是卑鄙拙劣，也在所不惜。一心一意只想讓對方也和自己一樣嘗嘗遭遇不饒益事的滋味；不做到這個地步，他的心情不能平靜，更舒暢不起來。這樣的心當然是惡心、是懷恨的心。心中懷恨某個人時，對他絕對沒有愛，反而有滿滿的嫌惡。心中對某個人生恨時，若沒有盡速把恨徹底消除，反而讓恨逐漸增強，則終有一天會恨到難以忍受而想報仇。這種因懷恨而要復仇的心會造成大傷害，亦即會引發極其悲慘可怕的後果。

由於別人做不利於自己的事，就接二連三地被激發出一些違背理性的情緒，而落入憤怒、怨憎、嫌惡、懷恨的漩渦中，卻從不想在許多負面情緒及其所促成的不理性言行爆發前，以佛教的智慧面對它們，深入地揀擇它們所以發生的原因——惑即煩惱，以及它們可能造成的後果——苦，接著並找出妥善的方法，先把可能導致苦果的煩惱因消除掉，如此這整個不愉快的事件自然能圓滿了斷；這當然是愚癡無聞凡夫的作為。無知者不但不會迅速、有效地把問題處理好，反而把問題弄得更複雜、更難解決，而留下不易抹滅的傷害和遺恨。

煩惱問題是很難對付的，要藉大智大慧才能找得到完美無誤的解答。人的習性大部分是向下墮落而不是向上提昇的。例如習慣於懈怠的人，很難變為精進，反而可能愈來愈懶，除非遭遇什麼大變故逼得他不得不改變。

實際上，懈怠的人是無知的；他不知道自己懈怠的真相、為什麼會懈怠，以及最後會受到什麼不堪的後果。或許當事人會說，這一切他都很清楚。但這可能是他在欺騙自己，所以還是無知。因為如果真知，自然會有很強的

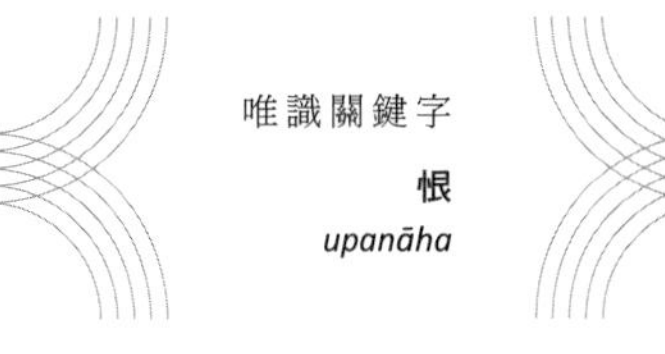

意志力去實行。在五蘊當中，若代表「認識力」的想蘊和代表「意志力」的行蘊都很脆弱，功能不彰，則不論做什麼，最後可能都一事無成。能深入佛法，才會有所成就。常在退轉的佛弟子，不妨試試看吧。有收穫的一定是你自己，不是別人。

得大智慧，解脫煩惱

心懷怨憎者，會對他做出不饒益事的人與令他受損害的事，生怨起憎。如上述，此怨憎所引起的嫌惡即是恨，而恨很難捨斷，常持續不斷。有人終生懷恨，一刻也放不下。由此可知恨腐蝕人心多久。若有人一生擺脫不了恨，時時刻刻都在嫌惡別人的病態情緒中，他怎麼會享受快樂人生？不快樂的人和健康生活是絕緣的。常浸泡在恨水中分秒不離的人，不論吃山珍海味、滿漢全席，也都可能長不出健壯的肌肉和骨骼，來支撐他的身體；反而因為心中的恨，而把已吃下去的美食化為損傷他身心的毒素。

一個懷恨的人，除了生起怨憎進而造成嫌惡之外，還難以忍受別人對他的傷害。恨是忿的延續，而忿衍生自瞋。懷瞋或忿的人都會爆發損害行為，而懷恨的人會想報仇；它們都會傷及眾生，只是為害的程度可能有輕重之別而已。這三個負面情緒都含有憤怒的成分。憤怒什麼呢？瞋是根本煩惱，指心性本來就冷酷，動不動就對眾生暴怒，進而加以傷害，而忿和恨則是對別人做不利於自己的事很生氣，且氣到難以忍受，於是採取報復對方的作法，讓本來就不簡單的事橫生枝節而變得更混亂、更複雜，以致處理起來更棘手。

恨和忿一樣，屬於瞋，亦即瞋的一部分；瞋是對眾生的極大憤怒。懷著瞋心的人對待眾生非常冷酷；他內心想的盡是如何去傷害眾生，如何去做不利於眾生的事。說忿不異於瞋，也是因為懷有忿心者會對有生命的眾生，或沒有生命的物質加以損害。和瞋一樣，忿也是憤怒，只是在憤怒的程度上，二者強弱不同。而恨是在忿之後別生的，怨恨加害者到難以忍受時，會更進一步想要加以報復。

佛弟子要努力的是，趕快從這些負面情緒亦即煩惱徹底解脫出來，但如何從它們當中跳出來呢？唯一的方法是依循佛陀所教示的種種法門，因為只有透過這些法門才能證得無上正等覺——最高的智慧。五分法身為戒、定、慧、解脫、解脫知見，其中的第三個是慧，第四個是解脫；這樣的排列順序有什麼涵義呢？這意味解脫是要靠

智慧才能獲得的，而要解脫的是眾生的劣根性，亦即煩惱——人生是苦的主因。

——原刊於《人生》雜誌 357 期（2013 年 5 月）

03

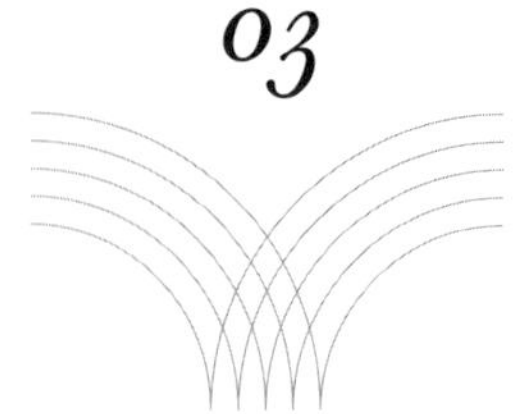

覆
mrakṣa

覆，有隱蔽之意，為隨煩惱之一，
也就是對自己所做罪過的隱蔽，
因害怕被苛責，不能坦然認錯，
佛教將這樣的行徑視為愚癡，而愚癡會引發煩惱，
所以說有愚癡在前，才有覆藏在後，
智慧可對治癡，因此斷除覆的最好方法，就是增長智慧。

梵文 mrakṣa 是由有「塗抹」之意的動詞語根√mṛkṣ-1，加上名詞語基構成音 a 做成的陽性名詞，漢譯為「覆」；覆意謂「隱蔽」，是《唯識三十頌》中所列二十個隨煩惱（未包含四個不定心所）之一。

大乘佛教把煩惱細分成煩惱（即根本煩惱）與隨煩惱（即枝末煩惱）；其中，隨煩惱或枝末煩惱是自煩惱（或稱為根本煩惱）衍生出來的。

煩惱	根本煩惱（六煩惱）	貪、瞋、癡、慢、見、疑
	隨煩惱（二十隨煩惱）	忿、恨、覆、惱、嫉、慳、誑、諂、憍、害、無慚、無愧、惛沉、掉舉、不信、懈怠、放逸、失念、散亂、不正知

這兩類、二十六種煩惱指的是眾生的心理活動或作用，會令眾生的心生起煩擾苦惱。心一旦充滿煩擾苦惱，就不是清淨無垢的，反而是處在髒亂的狀態中。煩惱的梵文是 kleśa，就是由有「染汙」之意的動詞語根√kliś-4 做成的陽性名詞。眾生的心只要帶有二十六種煩惱中的任何一種，它就是惡心，而很難說是善心，因為它會引發出

惡的行為和言語，惡因豈能生出善果？

愚癡在前，覆藏在後

二十種隨煩惱源自六種煩惱，也可說分屬六種煩惱。安慧論師說 mrakṣa（覆）屬於癡的一部分（mohāṃśikatva）。這表示覆即隱蔽，是從「愚癡」這個主要的心理活動或作用引生出來的，亦即從屬性的心理活動或作用。總之，有愚癡在前，才有覆藏在後。亦即由「癡」的心理活動或作用生出「覆」的心理活動或作用；然後再由覆的心理活動或作用發出覆的行為。為什麼這樣說呢？這必須先從「覆」的意涵說起。

「覆」是對自己所做罪過的隱蔽。自己做錯了，怕被長輩或上級等發現因而遭受責罵、處罰，於是就千方百計把自己做過的錯事掩蓋起來，以為別人看不到就不知道；不知道就不會去處理。但真的瞞得過嗎？常聽人說：「凡走過必留下痕跡。」然而，按照凡夫的習性，例如政客即使犯錯的證據確鑿，仍會強辯；儘管所做的辯解違背邏輯、常識，也仍要硬拗到底。

對隱匿自己的錯誤乃至不能坦然認錯這樣的行徑，佛

教如何評斷呢？只用兩個字，那就是「愚癡」。掩飾自己的過錯是一種愚癡的作法；相反地，一旦做錯就儘速認錯，這才是有智慧的作為。

在凡夫的階段，所學有限，難免欠缺正確的知見。因此，凡夫由於智慧不足而犯錯是很可能的。處理的上策是自己趕快懺悔認錯，不要讓心上殘留汙點；內心沒有罪過感，自然不必擔心被責備、懲處。然而，凡夫的傲慢心理不容承認自己在某方面比某些人差；他要讓別人以為他比較優秀，即使沒有比較優秀，也不能差太多。總之，他不能讓別人發現且認定他是有缺點的人。在社會上常看到無德之流，在表面上，他也要用語言明示或暗示自己的高道德。

凡夫一旦有過失就急忙掩蓋，例如殺人犯在殺人之後，一心一意只想把被殺者的屍體偷偷埋葬或毀掉；盜賊在偷竊得逞後，只顧著把偷到的物品賣掉；打妄語的人在謊話被戳破後，以為只要想出一個更大的謊言來「合理化」前一個謊言就可「高枕無憂」……。他們為什麼要這樣做？因為他們不要別人知道他們做了違反社會公義的事。

然而，隱匿真的能把自己所犯的過錯覆藏起來、讓別人看不到嗎？「欲蓋彌彰」這句成語告訴我們，掩蓋不是解決問題的辦法；紙不但包不住火，而且火會燒得更旺。任何人不論做錯後怎樣設法遮蔽自己的罪行，都不管用，因為遲早都會顯露出來，而他也遲早要接受道德的譴責與法律的制裁。然而，人為什麼還是要竭盡所能地隱覆自己的罪過呢？這是因為怕別人指責、處罰，而且也為了要顧好自己的假面具不被拆穿。

隱匿過錯，一無是處

眾生藉由自己的身、口、意造作善業、惡業或不善不惡的業。身、口、意三業中，意業為根源，身業和口業源自意業；也就是說，眾生的心怎樣想，他們的身體就那樣做，他們的嘴巴就那樣說。眾生在由於欠缺智慧、不明是非而發出錯誤的言行後，他們的內心會因而不安嗎？

不承認自己做錯的眾生，沒有良心不安的問題，但他們還是會追悔他們所做的過錯，因為他們害怕做錯事，會導致一些令他們覺得難堪的後果，例如被責罵、被處罰。在這種情境下，他們想的只是把他們做的罪過掩蔽起來，只要不被發現就好。由此可知犯錯的人也會憂心忡忡，甚至恐慌緊張。誰說做錯事的人會很快樂呢？難怪安慧論師為 mrakṣa 作註解時說：「以給予惡作和不安住依止為業（kaukṛtyāsparśavihārasaṃnīśrayadānakarmakaḥ）。」「惡作」是懊惱自己做了惡行，這樣會妨礙心的安定；至於「不安住」，就是不快樂的感覺。

隱匿過錯的覆，可能引發內心對隱匿過錯作為的追悔、懊惱，但和被列在善心所（好的心理活動或作用）中的「慚」和「愧」是絕對不同的；這僅從覆被列在隨煩惱之中即可一清二楚。慚是因為自己做了罪惡而覺得自己很可恥，愧是因為自己做了罪惡而覺得愧對世人，而覆並沒有因自己做了罪惡而覺得慚愧，卻是擔心自己隱蔽的過錯有朝一日被揭發而無臉或被責罰。

為什麼說覆源自癡，即隱匿過失是愚癡的作法呢？油漬不是用一塊乾淨的白布蓋住就會消失，而是要用力擦洗；凡夫所犯的罪過一樣，不是把它藏起來罪過就會不見因而就不算犯錯。西方人也說：「To err is human.（做錯是人之常情）」做錯當然不是好事，但此次的犯錯可能是下次做對的 stepping stone（踏腳石）。

在佛教，凡夫要成聖成佛是必須在長時間內非常努力不懈。出生到世間就是要學習做無量無數的善事，累積足夠的福慧資糧，有朝一日才可能達成證得佛菩提的大願。隱藏過錯不但一點好處也沒有，而且增加對個人的不利，如令內心憂惱懊悔。憂惱懊悔不但對修行佛法是阻力，而且也傷及身心的健康；總之，一無是處。智慧可用以對治癡。覆既然屬於癡的一部分，所以斷除覆的最好方法也應是多多增長智慧吧！

——原刊於《人生》雜誌 344 期（2012 年 4 月）

04

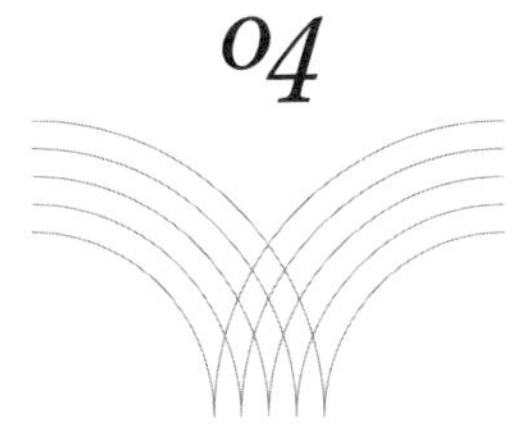

惱
pradāsa

惱與忿、恨就像瞋生出的三胞胎，

安慧論師解釋「惱」的本質，

是以忿和恨為先的心之憤發，

從瞋衍生出「忿」，

而做出鞭打眾生和非眾生的憤怒行為後，

內心依舊懷著怨「恨」，

於是再爆發出「惱」的憤怒語言。

要解脫「忿、恨、惱」這些煩惱病，

最有效的藥還是智慧。

惱，是梵文 pradāsa 的漢譯。pradāsa 是由有「向前」之意的接頭詞 pra +解作「抱持惡意」和「迫害」的動詞語根√ dās-1 +名詞語基構成音 a 而構成的陽性名詞。

觸現違緣，暴言螫害

關於惱，《成唯識論》說：「追往惡，觸現違緣，心便佷戾，多發囂暴凶鄙麁言蛆螫他故。」用現代的白話文解說就是：「人在追究過去不好的事，以及碰觸現在不順利的事時，他的心就會變得很暴戾，進而口出凶狠、卑鄙、惡劣的粗話來傷害人。」文中的「螫」字，比喻以凶言惡語傷人，就像毒蟲以尾針刺人那樣，令人疼痛不堪。

事出必有因。凡夫生起「惱」這個隨煩惱時，是有內、外因素的：外是不論過去或現在，都有令他不快樂的壞事發生；內則因遭遇不稱心如意而憤恨不平，於是心變得很凶殘，進而以令人不堪的粗暴語言傷害人。反之，若沒有這些不好的內外在因緣，則它們也無從招致不好的結果——惱，更不會有因惱而傷人的苦果出現。由此可知，阻止導致苦果的惡因發生，才是防備難以忍受的苦果生起的最佳途徑。

根據安慧論師的註解，惱是「以暴言螫害（caṇḍena vacasā pradaśati）」。其中，「暴言」是指殘酷凶暴的粗話，而「螫害」意謂傷害到別人的致命點。傷人不一定要用刀，口舌也一樣可達到傷人的目的。難怪現代人常用「語言暴力」一詞；這表示語言有暴力的成分。暴力能傷人，是無庸置疑的。語言既然成了一種暴力，當然也能傷人；嚴重的程度甚至令人一生很難從受傷的陰影中走出來。會傷人的語言，絕對不可能是充滿善意和愛的溫柔語。

又，語言被譬喻為刀，可見它是尖銳而具有殺傷力的。充滿善意和愛的語言一入耳，勢必會令人打從心裡生起一股溫暖且想親近的感覺；而聽到如刀傷人般的話語，則會令人心生恐慌而想逃離，或憤怒而想回擊。

由此可知，善用或不善用語言的結果，有很大的差別。從表面上看，這種差別只是出自對語言的善用與否；但從深處探察可發現，有無智慧與慈悲才是促成不同結果的主因。心有智慧與慈悲的人，即使不善使用美麗動人的語詞，但他內心深處濃厚的善意和愛，還是可令人感受到，因而不會介意他在表面上所用的語言。反之則不然，滿嘴盡是漂亮的話，卻無法令人相信那些話含有一絲真誠，這種人的居心終究會被揭穿。

忿恨為先，與惱共住

安慧論師更進一步解析「惱」，而說惱的本質是：「以忿和恨為先的心之憤發（krodhopanāhapūrvakaścetasa āghātasvabhāva）。」惱和忿、恨一樣，都屬於瞋的一部分。一個懷有忿、恨、惱的人，他的內心有如一座火山，充滿憤怒之火，因此在忿、恨、惱發作時，他的言行絕對不可能溫文儒雅，反而非常粗暴。粗暴會表現在二方面：表現在行為上是忿，在語言上的則是惱。從瞋衍生出忿，而做出鞭打眾生和非眾生的憤怒行為後，內心依舊懷著怨恨，於是再爆發出憤怒的語言。由此可知，在惱之前生起的隨煩惱是忿和恨。此忿、恨、惱都由潛藏在內心更深處的瞋向表層延伸，而最終以充滿憤恨的粗暴行為和語言表現出來。

由此可看出：這是由瞋經忿、恨一路發展到惱，因此惱也是瞋的一部分。簡言之，忿、恨、惱好像是瞋生出來的三胞胎；首先，一個生出來，接著另二個也一前一後地生出來。修行佛法的人應該都知道，這類「興旺」最好免掉。

惱，有生起語言的惡和不安住的作用。如上述，內心有惱的人，說話的口氣不可能很溫和，也就是說，他不是一個會輕聲細語的人。這種人的心境如何呢？不安住的「安」是快樂的意思，所以「不安住」，照字面說，是不住於快樂之中，亦即不快樂。惱會引發不安住，亦即懷惱於心中的人是不會快樂的。因此，安慧論師最後註說：「與有惱者共住是苦（tadvataḥ pudgalasya duḥkhasaṃvāsatvāt）。」

和一個常悶悶不樂的人共住一室者，也歡欣不起來，因為對方不快樂的情緒、表情、語氣、行為等勢必影響他，以及他們共住的空間。自己內心與惱共住，當然自己也不會愉快；又，與心中有惱的人共住，自己也會由於感染對方的不快樂而變得很不開心。若共住的人內心都沒有喜悅，則雙方之間如何能營造幸福愉快的生活呢？接下去當然更會引生出種種不堪忍受的痛苦後果，以致最後彼此的關係逐漸惡化而破裂、分離，彼此甚至形同路人或仇敵。愚癡的凡夫大多如此，因一時的壞情緒而導致不幸和失敗。

離苦得樂，修習三學

凡夫很容易給自己和別人找麻煩，有時找來的麻煩甚至嚴重到連自己也沒有能力解決，而必須仰賴高手給予一臂之力，才能度過難關，重過平安喜樂的生活。愚癡無聞凡夫忙東忙西，結果常是得苦離樂。釋迦牟尼佛就是為了令眾生也能和他一樣離苦得樂，才不畏艱苦和挫折而弘揚佛法數十年。

因此，對佛教徒而言，離苦得樂的上上策，當然是修學包含戒、定、慧三學的佛法。此三學之中，慧學才是終極目標，戒與定本身並非目的，而是成就慧的方法。由此可知，佛法是非常重視智慧的；換言之，任何反智的言行都是違反佛法的。依據佛陀的解說，凡夫一生受苦，是煩惱所致，而解脫煩惱病最有效的藥是智慧。

在「金剛般若」一詞中，般若被喻為唯一可把結生成一簇簇的煩惱個個擊碎的金剛（鑽石）。有般若智，才能徹底了解「瞋」這個母胎，以及忿、恨、惱這三胞胎的本質和作用。在充分明白對敵的各種狀況後，打倒它就不再是一件艱難的事。智慧就像一副上等特優的眼鏡，戴上去後，眼睛立即能看清楚眼前的一切。然而，沒有智慧的人像是長了白內障，用眼睛看任何東西，都覺得只有非常模糊的影像在眼前晃動，而看不清它們的真面目。

上述這兩種殊異情形，對眾生的內心會生起什麼影響呢？若對眼前的種種瞭若指掌，則內心會有踏實自在的感覺；反之，在眼前一片模糊，看不到任何具體的形象時，內心是會有不安全感的。內心踏實自在者必能勇敢向前走，但是內心不覺得安全時，則對前進一事會感到猶豫不決，以致很可能就在原地持續踏步，毫無進展。前者必有收穫，而後者可能徒勞無功。

至此應可知，解脫煩惱的主要關鍵就在於智慧。佛弟子對於智慧，要採取追求或抗拒的態度，完全是由自己決定的。然而，光從自己所做的決定，就可知道自己這齣人生大戲接下去會如何演出！

——原刊於《人生》雜誌 358 期（2013 年 6 月）

05

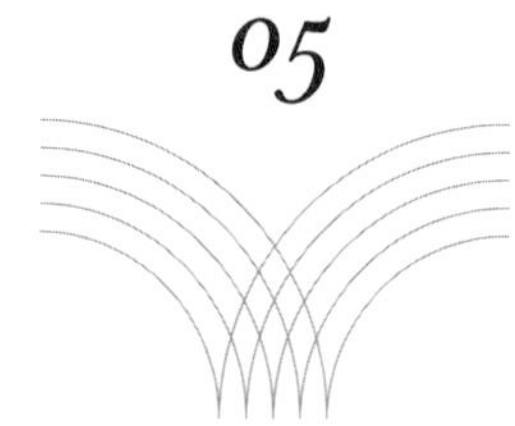

嫉
īrṣyā

嫉，有羨慕、嫉妬之意，

人為何會起嫉心？起了嫉心後會招致什麼惡果？

是不是女人天生善嫉呢？

嫉是不分性別的，只要是人，

都可能由羨慕而嫉妬，接著由嫉妬而恚憎，

故安慧論師說嫉是瞋的一部分，

唯有了解嫉的本質，努力求智慧，才能把它消除。

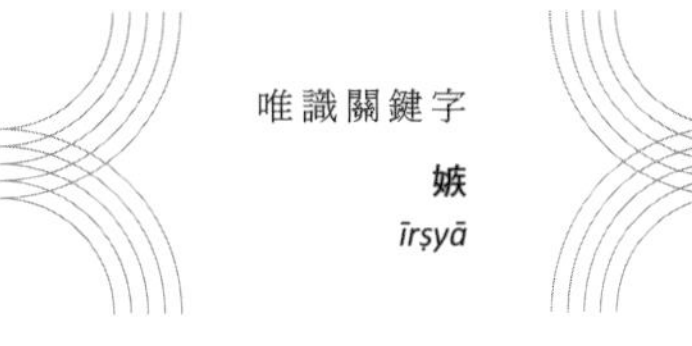

梵字 īrṣyā 是以動詞語根√īrṣy-1 做成的陰性名詞（√īrṣy ＋ a → īrṣya → īrṣyā），有羨慕、嫉妬之意；漢譯有嫉、妬、嫉妬、妬忌、嫉恚、憎嫉六個。依據上述，可知 īrṣyā 除了嫉妬外，尚有羨慕、憎恚的意涵。

佛教特重因果，並在六道眾生中，以人為本。因此，以下兩個問題一定會被提出：「人為何會起嫉心？」、「起了嫉心後會招致什麼惡果？」

嫉源自瞋，亦即瞋是根本煩惱，而嫉是枝末煩惱，是一種不健康的心理作用或活動，因為它會令人對別人的幸福打從內心生起憤懣的情緒。

由瞋生憎，招苦墮惡

若人看到別人在享受幸福，就按捺不住而發出一股忿忿不平之氣，則可推知：對方擁有的幸福是他所缺乏的，或遠優於他所擁有的。知道別人比自己在某些方面優越，自然會生出羨慕之意；若能「見賢思齊」而努力不懈，必能提昇自己到與他人一樣或更高的層次。然而，若在羨慕之餘，接著嫉妬別人的成就，進而對他生起憎恚之情，則下場可想而知。

凡夫可能由羨慕而嫉妬，接著由嫉妬而恚憎，難怪安慧論師在《唯識三十頌釋論》說：「嫉……（是）瞋的一部分……（īrṣyā......dveṣāṃśiko......）。」由此可知，嫉源自瞋，因而可推出瞋是根本煩惱、嫉是枝末煩惱的結論。

依據佛法，每個眾生累世所做的業行在質量上不同，因而他們所得的果報在質量上也有所殊異；也就是說，所做的善業愈多，所得的樂報也愈多，反之亦然。總之，業行與果報是成正比的。

不過，有些人或許不能接受這種說法，因為他們明明看到某些貪官、奸商等為非作歹，卻享受富貴榮華，這又做何解釋？其實只要人們對佛法有全面且徹底的了解，他們一定明白佛法主張：「一個人現世怎樣受，取決於他在前世怎樣做；他來世怎樣受，取決於他在今世怎樣做。」

修善會致福，因此善行也稱為福業；做惡會招禍，因此惡行也稱為非福業。福是樂，而非福就是禍，就是苦。努力讓自己獲得福樂、祛除禍苦的人，才是智者。然而，世人常是愚蠢不自知，難道真的有人連努力讓自己趨福避禍、離苦得樂都不會嗎？當然不是。

多數人都明白自己要什麼，追求幸福是人與生俱來的本能，也是人一生想達成的理想目標。然而，若對幸福下錯定義，以為有錢有勢就是幸福，且在追求這種所謂的幸福時，又採用錯誤的方法，違法悖理，則必定會以很慘的結局收場；套用佛教術語，就是墮入地獄、餓鬼、畜生三惡道。

起嫉心，當然也是一種惡行，也會招致禍苦，因此要小心，千萬不要動嫉妒之念！

見賢思齊，不起嫉心

看到別人生活幸福，再想想自己遠不如他，不禁從心中發出一股怨怒之氣，表現在對別人的言行上，顯得很不友善，甚至充滿惡意：這是愚癡無聞凡夫的心態和作法。照理，知道別人幸福快樂，應該替他高興，並且祝他往後更幸福快樂才對。然而，偏偏有人受不了別人擁有他沒有的，或擁有比他更多更好的。

以上只就幸福提及嫉妒，實際上，日常生活中會激起嫉心的，還有很多，例如名望、地位、權勢、學識、財富、家世、成就、美貌、能力等。只要有人在這些方面比他更殊勝，便受不了，因而一肚子的怒火油然而起，這就是嫉妬。

會嫉妬別人的人，都是羨慕別人比自己好、擔心自己不如人所致。只要相信每個人各有所長，不去在乎別人比自己好，就不必羨慕別人或擔心自己，嫉心也就無從生起。

人在陷入嫉妬之際，其實已從羨慕別人的優點，進而憂慮自己的缺點了，因此嫉和憂是相應的。憂慮的人一定快樂不起來；他看到的世界是黑白的，而不是彩色的。他自己不開心，也連帶地令別人不好過，於是彼此之間的整個氣氛變得很沉滯、很苦悶。

如上述，心理正常的人，在獲知別人生活幸福時，自然會為他感到欣喜，進而表達祝賀之意；別人幸福是值得我們羨慕、讚歎的。然而，有些人卻反常，見不得別人比自己優越。因此一知道別人幸福快樂，自己的內心就很不平衡；似乎別人不和自己一樣慘或比自己更慘，自己的情緒就難以撫平，進而對別人生憎恚之心；對別人的優越怨恨、憤怒；總之，就是見不得別人比自己好，因為只要別人勝過自己，就表示自己差勁。沒有一個人願意承認自己不行，即使笨的人也不甘屈居下風。

不與憂應，用慧斷嫉

嫉妒會引起憤懣的情緒，而人在憤怒時，絕對不會快樂。嫉又與憂（daurmanasya）相應，而人在憂慮時，也絕對不快樂。以佛教術語來說，不快樂就是以憂為先的不安住（asparśavihara），所以嫉會導致憂和不安住（daurmanasyāsparśavihārakarmika）。嫉妒既然會令人不開心，把它除掉不就好了，真是說比做容易！如果不先了解嫉是怎麼一回事，如何能輕易地就把它消除？斷煩惱不靠智慧是不行的。

一般都說女人善嫉，強調女人的嫉心，好像女人一嫉妒起來，天下會大亂似的。嫉妒與性別無關，它是一種所有眾生，不論是男或女，都可能有的隨煩惱。從消極面來說，只要眾生持續是愚癡無聞的凡夫，嫉妒的念頭就有可能被激起；但從積極面來說，只要眾生努力求智慧，不再是愚癡無聞，他的嫉心就會消失，乃至無影無蹤。前者可能墜入惡道，而後者則會繼續走他的菩提道。

聽明的佛教徒，兩者之中，你選擇做哪一個？

——原刊於《人生》雜誌 348 期（2012 年 8 月）

06

慳
mātsarya

mātsarya，漢譯為「慳」，
含有慳貪、慳悋、慳嫉、貪妒等義，
依據安慧論師的註釋，慳與施相反，是心的悋嗇，
是由六根本煩惱的貪滋生出來的。
唯有修學比金剛（diamond）更堅硬的般若智慧，
才能幫助我們斷除心的慳悋，
對需要幫助的眾生伸出溫暖的雙手。

慳，是梵文中性名詞 mātsarya 的漢譯；除此之外，mātsarya 尚有其他幾種譯語：慳貪、慳悋、慳嫉、慳行、慳著、慳惜、悋著、恡（音同悋）、嫉妬、貪妬。

由此可知，mātsarya 不但譯為有「捨不得給予」之意的「慳悋、慳著、悋惜」等，而且把「慳」與「貪、妬」合譯為「慳貪和慳嫉」，甚至譯為看起來與慳的意思沒什麼關聯的「嫉妬及貪妬」。如此，或許可做如下的推測：「慳」的原意是由於自己貪得無厭而悋於施給別人，但經過一再引申後，「慳」就被譯成和原意有出入的嫉妬和貪妬。

從「慳囊」和「嫉妬」此二語詞，可得知慳和嫉是有不同的意思。慳囊意謂悋嗇者的錢袋只儲藏財物而不肯啟用；至於嫉妬，則是憤恨別人勝過自己，比自己優秀。前者是出於貪，後者出於瞋。這種解說與安慧論師對慳與嫉此二隨煩惱的詮釋是一樣的，並無差異。

悋於布施，不離貪妬

安慧論師在其所著的《唯識三十頌釋論》中，如何詮釋「慳」呢？他說：「慳與施相反，是心的悋嗇

（mātsaryaṃ dānavirodhī cetasa āgrahaḥ）。」比對此句中的漢、梵二文，「悋嗇」是 āgrahaḥ 的譯語。根據《梵和大辭典》，āgrahaḥ 的意思是「勒緊轡繩」。由「勒緊」引申為「緊縮」，再進一步引申為「悋於布施」，因而慳轉有「與『施』相反」之意。

布施是指因為希望贊助、愛護對方，不論對方希求與否，都把自己擁有的東西，如財物、技術等，甚至自己所理解的法，施予對方，而慳悋者即使在各方面都很富有，他也絕不給予；好像給了別人一些，他自己就會少了一些，而令自己有所減損，對他而言，是難以忍受的事，因此他無意與人分享他的東西。慳的源頭是貪，它與貪息息相關。

在《法集名數經》中列有「五貪妬」（pañca mātsaryāṇi）。貪妬是慳的另一個漢譯。五貪妬是：

1. 法貪妬（dharma-mātsarya）。

2. 利養貪妬（lābha-mātsarya）。

3. 住（房舍）貪妬（āvāsa-mātsarya）。

4. 為善貪妬（kuśala-mātsarya）。

5. 名聞貪妬（varṇa-mātsarya）。

此貪妬可解作因自己貪著於自己的所有物，而悋於給予別人。五貪娸中，三種有關利養、住所和名聞的貪娸，不難了解。凡夫煩惱深重，因執著自己所擁有的東西而捨不得施給別人的情形，並不稀奇少見，但愛著法和善行而恪於和別人分享，是不是有些不可思議呢？一般的印象是法和善行都屬於正面的，而且會想去認識法以及修善的人總是比較有善根，應樂於法施和行善以利益眾生。事實卻並非如此。

法，有正法與邪法的分別；善，也有相對善和絕對善的差異。正法不會教導人恪於把自己所知的正法轉教別人，反而鼓勵做法布施；而指示人把好的藏起來獨享的「教理」，應屬邪法，它所說的「好」也不一定是好。信受並實行這種不正確教法的人，是沒有智力分辨是非善惡的，結果反而造作邪業並承受苦果。又，絕對的為善，勢必單純為利益眾生而做，沒有任何涉及己利的條件，而相對的為善則未必如此。難怪佛教把對法和為善的慳著，也列於五貪娸之中。

對名聞、利養等很貪著的人，當他內心對生活資具生起恪嗇時，他會不願意把它施捨出去。這種內心的慳是屬於貪的一部分。從上揭「慳貪、慳恪、慳著、慳惜」這幾個漢譯，也可看出慳恪者一定有貪心。對他而言，他擁有的東西愈多愈好，所以他的「貪」是貪多。而且，對他自己的所有物也一定愛惜難捨；這種愛惜難捨顯示他永無飽足感。安慧論師說，慳是「以給予不飽足依止為業（asaṃlekhasaṃniśrayadānakarmakam）」。這意謂慳有引發不飽足感的作用。慳悋者對物質缺乏飽足感時，他就會竭盡所能去積集，即使是不必要的物質。當他看到自己積集了那麼多東西的時候，他會更加珍惜、更加愛著，以致捨不得布施給別人。

由此可知，慳悋的人是既貪多又怕少。縱使擁有數不清的財物，卻還很慳悋的人，他算富有者嗎？對這個問題，依據《大寶積經．善順菩薩會》，佛陀應會答說：「就財物而言，他是富有的；但就智慧而言，他是貧乏的。」慳悋者總是不明白：貪多和怕少都不好，適量知足才正確。

般若智慧，斷慳悋心

在人類世界會發現：不只有人可能悋於施捨物質給貧困者，也有人對心力困頓者可能捨不得做精神上的布施，亦即人悋於給予的不僅是物質，甚至還包括精神。失去自信者亟需他人給予適當的鼓勵、輔導等，但卻不一定有人會適時提供這類的幫助，或許他無能為力，但也可能無動於衷：對人冷漠，伸不出援手。無力幫助是可以體諒的，而有力卻無心協助是難以理解的了。

人在沒有自信後容易喪失能力，緊接著陷入大恐慌之中，因而導致更不堪的後果，甚至也因而導致更艱難的善後工作。在目前的社會，心理耗弱的人很多，他們很需要大乘佛教所說的「無畏施」，因而佛教徒有更多的機緣，去協助在精神上與物質上都生活得很艱苦的人，以累積自己的福慧資糧。有求有供，一齊圓滿菩薩行，讓娑婆世界逐漸轉穢成淨。所以佛教徒如不能先斷自己醜惡的「心之慳悋」，是伸不出溫暖的雙手的，遑論將無畏施予他人！

慳，這個隨煩惱是從六個根本煩惱之一的貪滋生出來的，而貪源自無明。無明即是無知。不知道不可貪而還是要貪且持續貪，這就是無明，就是沒有般若智慧。《金剛能斷般若波羅蜜經》的經名，按照羅什的說法，是意謂般若波羅蜜能切斷硬如金剛（鑽石）的煩惱，由此推論般若智慧是比硬如金剛的煩惱還堅硬的。依據佛法，不論是根本的或枝末的煩惱，都要藉著硬度更高的般若智慧才能斷除。大部分的佛經說來說去，話題都離不開般若智慧，原因應該就在這裡。

二千五百年前，釋迦牟尼佛已經把眾生受苦的原因分析得清清楚楚了，並進而配合眾生種種不同的根機，提供許多離苦得樂的方法。眾生只要先從其中選擇自己適用的，一步一腳印地實踐，永不中斷，總有一天會走進入涅槃城或佛國土，這是無庸置疑的；然而有一個先決條件就是：把「愚癡無聞」改成「勤學佛法，轉愚癡為智慧」。

——原刊於《人生》雜誌 354 期（2013 年 2 月）

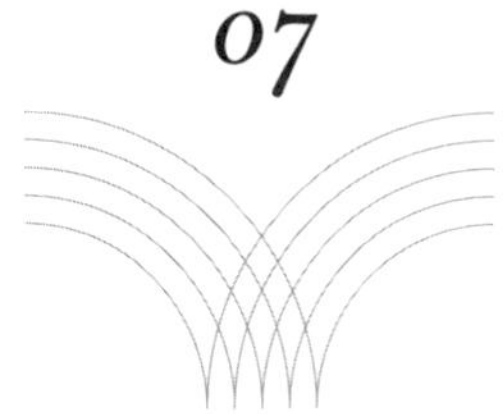

誑
māyā

誑即是幻，有欺瞞他人之意，根源於貪婪和愚癡。

為了滿足私欲而以詐騙謀生的人，

就是靠不正當的作為或職業維生的「邪命」者。

八正道中的「正命」與此正好相反，

正命，也就是正當的職業，

對日常生活乃至修行，都是非常重要的。

梵文 māyā，漢譯為誑，或音譯為摩耶。釋迦牟尼佛的母親被稱為摩耶夫人，其中「摩耶」就是 māyā 的音譯。除此之外，也意譯為幻。從字面意義來說，見於佛經中的「幻術」、「幻師」，幾乎相當於時下所謂的魔術、魔術師。

魔術師所玩的把戲都是無中生有，利用自己精心設計的一些高明技巧，以及一般人可能發生的視覺迷失，把根本不實在的事物顯現成好像是真實的，而讓認識能力稍嫌不足的觀眾誤以為確有其事。

在現代的魔術表演秀上，魔術師這一方很清楚自己在製造假相，而觀眾那一方則不知不覺地陷入假相；最後雙方「合作」成功，各得到自己所要的。或許有人會以為魔術也是一種詐術，因為它會達成欺騙的效果。然而，這種看法主要是就使詐的目的和結果而論的；若就技巧層面而言，確實也可看出現代魔術師用心之深和能耐之強。

為滿私欲，追逐金權

古人說：「鳥為食亡，人為財死。」人既然會為財而死，那麼，人為財而不擇手段也是極有可能的。誑的意思是欺瞞他人，照理來說，人們通常是不會欺騙他人才對，但確實有些人會千方百計去做這種事，為什麼呢？當然出自他們內心所懷的動機，就是要從他人獲得利益和尊崇。這裡所說的「利益」，是指物質上的好處，而「尊崇」則是指精神的好處。從利益和尊崇可獲得喜悅和滿足，誰能抗拒呢？難怪一個德行低劣的人，在缺乏利益和尊崇，或雖然擁有卻總覺得不夠時，他可能會想用違反社會正義的手段，來詐取他所迫切追求的這兩樣東西。

當一個人內心對利益和尊崇的愛執強過一切時，他一定會有所行動。如果他以滿足個人的需求為第一目標，那麼，他有什麼不敢做呢？他當然無所不用其極地行動，即使有人可能會有些不安，但更多人是自我安慰地認為：「欺騙人不過是小事一樁。」

不論古今中外，政客少有不玩追逐權位和金錢的遊戲，他們以權「賺」取金錢，再以更多的金錢「攫」取更高的權；或以金錢「攫」取權，再以更高的權「賺」取更多的金錢。為了滿足種種欲望，危害一大群人都不眨眼，何況做出經過精心包裝的詐騙行為。

貪癡為體，損人損己

安慧論師在註釋 māyā 時說到：「因為相伴的貪癡（sahitābhyāṃ rāgamohābhyām）。」意思是，誑帶有貪（rāga）和癡（moha）。《成唯識論》也說，誑以貪和癡為它的體性；這意謂誑在本質上是源自貪婪和愚癡的心理作用或活動。

其實，凡夫因貪得利益和尊崇，而造作欺誑的惡業時，他不可能承認：自己的惡業有同時傷害別人和自己的嚴重性。為了私欲的滿足而採用詭詐的手段，讓別人受到損失，以致現世陷入痛苦中；此外，並令自己由於做不善業的惡因，而現世或來世嘗受可能墮入三惡道的惡果，這樣的人當然是愚鈍、沒智慧。

想得到利益和受到尊崇是人性，只要用正當的手段獲得，本不是壞事，甚至具有正面的意義和價值；然而，若採取不正當的手段，如詐騙等，那就不能不說是罪大惡極，因為透過欺騙而獲得自己想要的結果，總是會傷害別人。更進一步推究，人為什麼敢用不法不德的手段，以滿足自己的需求呢？答案是：因為人愛著自己所需求的事物、而且非得到不可的心強烈到受不了，以後不惜造下傷

害別人的惡業。

騙子可以說是既貪婪又愚癡的人，但對這樣的評語，他絕對不會同意。他認為只不過想滿足自己的需要，而且也有足夠的聰明才智讓自己如願以償而已。他當然不能了解佛所說的諸法無我、諸行無常，亦即宇宙萬物沒有一樁是會永遠存在且不會變化的；一切萬物都會受到內在和外在因素的影響，而發生質和量的改變。

騙子所貪求的東西，即使騙到手，也正在享用，他的日子真的能一直舒舒服服過下去嗎？佛陀告訴我們：「那絕對不可能。」難怪騙子沒有只騙一次的，他會一再地騙，一直騙下去，終於詐騙成性，但總有一天他無法再行騙，因為人不會全是容易上當受騙的傻子，而他也可能黔驢技窮。

當一個人因詐騙案而受到法律制裁時，他不得不去吃牢飯，因而勢必停止他的矯詐行為。當一個騙子被識破詭計時，他的詐財計畫自然而然就宣告失敗了，他就很難繼續有「詐騙得手，風光生活」的機會了。

不障不誑，也不異謀

其實以詐騙謀生的人，他的生計用佛教術語來說是「邪命」，也就是靠不正當的作為或職業而生活；這和八正道中的「正命」剛好相反。安慧論師說：「以給予邪命依止為業（mithyājīvasaṃniśrayadānakarmikā）。」意謂誑會導致邪命，這是誑的作用。

《成唯識論》也說，誑的作用是障礙不誑而促成邪命，並更進一步說，矯誑者常心懷異謀而從事不實的邪命。在此，不誑就是誠實不欺，障礙不誑就是令人老實不起來，也就令人一騙再騙從不停止。不以正當的方式而靠詐欺謀生，當然就是從事奸邪不正的行業。又，「異謀」的「異」應有「特定」的意味。騙子所設計的謀略一定與社會公理牴觸、不相應；心懷異謀，亦即他的謀略和社會正義是有差異。因此，誑絕對不合理如法；以欺誑為業，當然是一種不正當的、錯誤的生活方式。

當人從事傷害別人的行業，以取得個人的利益時，他以及他所做的邪惡工作，都應該受到強烈的道德譴責和法律制裁，因為他做的是既傷天害理又損人的壞勾當。在佛教，正命即正當的職業，被列為八正道（道諦）之一。可知正當的職業對日常生活，乃至修行都是非常重要的。

在家人當然要以適當的工作養家活口，出家人不像在家人在職場從事種種工作（job）以賺取薪資，但他們也應有他們自己的志業（career）：正確地學習佛法精進，而弘揚佛法以饒益眾生，應是出家人必須擔負的如來家業！

——原刊於《人生》雜誌 345 期（2012 年 5 月）

08

諂
śāṭhya

śāṭhya，漢譯有諂、諂曲、奸詐、欺誑、偽等，
亦即詐欺、不正直的意思。
人常為了掩飾自己的過失，而令內心歪曲，
進而以言行做出欺騙、奉承等勾當。
如何截斷這連鎖效應，切記時時覺察身、口、意，
保持直心不複雜。

諂是梵文 śāṭhya 的漢文意譯，動詞語根為√śāṭh。根據《梵英字典》，√śaṭh-10（Ā.，即為己語尾）可解作稱讚（to praise），或諂媚、阿諛、奉承（to flatter）；當√śaṭh-10 做為他言語態（P.），則解作欺騙（to deceive）或傷害、令痛苦（to hurt）。śāṭhya 是由√śaṭh＋ya（名詞語基構成音）做成的中性名詞。除此之外，還有「諂曲、諂詭、諂詐、諂誑；奸、奸詐、奸諂；誑、欺誑；曲、偽、姦偽；憍」等，總之，有詐欺、不正直之意。

做人為什麼要詐欺呢？為什麼不能保持正直呢？當然是因為自己有過失。犯了錯，誠實以對並承諾以後不再犯，不就行了嗎？事情沒那麼簡單。做錯犯過的人會擔心萬一認錯，不只丟臉，而且原來擁有的，如名聞、利養、尊崇也將因此失去，事情豈不變嚴重了嗎？一無所有的人面對這樣的情境時，或許以為只要耍賴，不承認就過關，但享有財富名聲的人的想法和作法，就可能大不相同。這時，即是「諂」這個煩惱心所生起的機會吧。

由此看來，受不了損失和不願分享一樣，都與貪、癡有關。在佛教所說的三毒或三火中，若有人擁有其中兩個，不是很危險嗎？又，這種火或毒絕不是緝毒的警察或打火的消防員幫得上忙的，還是趕快求助於佛法，因為佛法對這種事才能提供最有效的良方。

時時覺察身口意的惡勢力

別以為「諂」只是眾多佛教術語中的一個。實際上，其中含有一層又一層的因果關係，等著有心人去一層一層地剝析。為什麼要這樣費心費力？簡單說，是為了解佛法。佛法有那麼重要嗎？當然，佛法會幫助有情知道如何處理自己每一世的生死大事——要怎麼生才能生得好，以及要怎麼死才能死得好。那麼，按照佛法，眾生該怎麼做呢？應學習凡事看緣起、知因果。那麼，對本文的主題——諂，要如何透過解析以獲得正確的認識，進而避免因它而造作出一連串的惡業呢？

對於諂，首先要明白它的定義。諂是欺騙，亦即不老實。它起自人的心，接著人用聲音組成的悅耳語言發出來，或以四肢做出奉承的態度行為去詐騙別人。至此，諂藉由意、口、身呈現出來，有傷害的作用，佛教因此視之為惡業惡行。從以上的分析，可知諂是一段發自內心的歪曲，進而以外在的言與行顯現不正直的過程。從這樣的黑

暗過程，似乎可看出一些光亮的希望，即：心、言、行不是無間（連接不斷）的；它們之間有極短極短的斷程，只要在意、口、身任何一個上，快速造出一個斷點，如諂只停留在意，沒有發展到口和身，或許一件因諂而做惡的憾事就能被擋住。因此，佛弟子必須培養隨時隨地警覺自己身、口、意三業所具有的惡勢力。

內心迂曲，諂起現行

依據「惑、業、苦」此一體系，眾生只要內心有「諂」此一隨煩惱，就可能在身、口上做錯事。無智的凡夫一旦有過失，他最直接的反應，不是想方設法做圓滿的處理，而是盡可能地把它掩蓋起來。為什麼他要那樣做？因為不要讓別人知道。為什麼不要讓別人知道？可能因為怕失去面子，亦即怕別人改變原來對他的好印象、稱許⋯⋯，以致喪失種種好處，也可能因為怕被責備、受處罰等。他知道一旦自己的過失被公開，可能會有很大的損失。於是在那一剎那，心可能就橫起來了，也就是心就歪曲了。在這樣的情況下，還有什麼詐騙的言行做不出來呢？

然而，在決定要做，並進而實際去說騙人的話、做騙人的行為的那一刻，會有什麼樣的損失呢？在這點上涇渭分明：為了不願失去原來所享有的，而在身、口、意上生起諂行者，肯定是愚癡無聞凡夫，反之則是智者。

為什麼會那樣脆弱，以致承受不了傷害、損失，而做出更嚴重的錯誤呢？臺灣有句諺語「打斷手反而強」。在我們生活周遭，藏有不少如美麗花朵般的智慧語言。佛不是也說世間一切善法都是佛法嗎？此時此刻只要反向思考，陽光大道不就又在眼前了嗎？

當凡夫在意、口、身上發起諂行時，他們變得從內心到表現於外的言行都歪曲了，這時能接受善知識的正確教導嗎？借用佛教的術語及表達方式，可說正直是歪曲的對治（pratipakṣa，反面）。提供正確的教導，就是教別人如何如理作意，而犯了過失，卻生起想要隱蔽它的邪惡不正之心，這就是諂的發起。犯錯的人想要掩飾自己的過失，就必須惑亂別人，讓他們弄不清楚自己犯錯的狀況，而為了達到這個惑亂別人的目的，自己就非用詐欺的手段不可。這時就是即將進入諂的現行。

然而，要怎樣做，詐欺才能得逞呢？以悅耳的語言和逢迎的態度，簡言之，就是拍馬屁。懷著諂心者，他的語

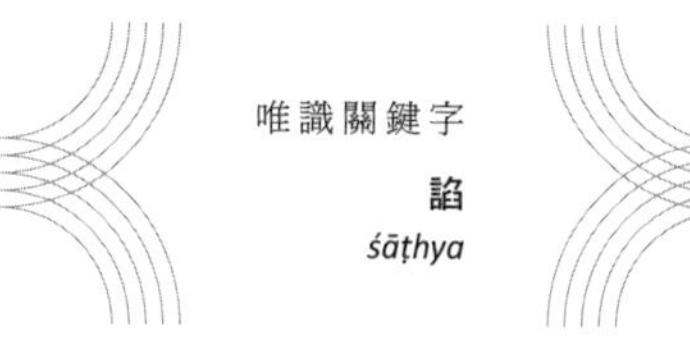

言雖然悅耳，卻是虛假的；他的態度雖是逢迎，卻是偽裝的，也是虛假的。為什麼諂行者的詐欺言行，被騙者會看不出來而信以為真呢？這點和諂一樣，其中也有一些因果關係，簡言之，上當的人也常由於貪、瞋、癡，而看不出對方不懷好心。

「覆」和「諂」的同與異

接著將隨煩惱中的「覆」（mrakṣa）和「諂」，加以比較、說明。此二隨煩惱的生起，都是因犯了過失卻只想掩蓋，不欲人知。因此，隱藏自己的過失的動機，可說是「覆」和「諂」生起的首要因素。「覆」純粹是一種掩飾所犯過失的身口意行，並未涉及其他隨後衍生的惡業惡行。然而，依據以上所論述，「諂」就比較複雜，且因複雜而業報更嚴重。不過，不論罪行輕或重，依佛教的說法，都像是一筆賴不掉的債，如影隨（當事人的）身。除非累積充分的智慧和福德，否則排除不了它。佛弟子想要往生淨土或努力協助化穢土為淨土，不是都應該依教奉行嗎？因此，犯錯後最先做的事應是懺悔。懺悔心愈深切，避免再度犯錯的力量也會愈強大吧。

從以上對「覆」和「諂」所做的比較看來，有「覆」此一隨煩惱的人，他的心機單純多了，他一心一意只想把自己所患的過失遮蓋起來，認為好像只要別人不知道他有錯，就天下太平沒事了。而有「諂」此一隨煩惱的人，他的心機就很複雜。為了保有本來擁有的一切，諂行者想方設法掩飾自己的過失，反而可能造作出其他惡業惡行，變成更惡劣，於是罪加一等。由此可知，人還是單純一些為上策；心機太多太雜，終究會把自己推落惡道。

至此應可明白，為何淨土宗要說菩薩有三心，其中之一是直心。貪快而抄一條猜想可能是捷徑的岔路和老實走看起來雖遠但大而直的路，哪一種作法比較安全，且更快速、更容易抵達目的地，應該不難分辨吧。佛弟子啊！為了能處理好自己的煩惱心所，趕快接住佛菩薩早已伸出的援手吧！

——原刊於《人生》雜誌 413 期（2018 年 1 月）

09

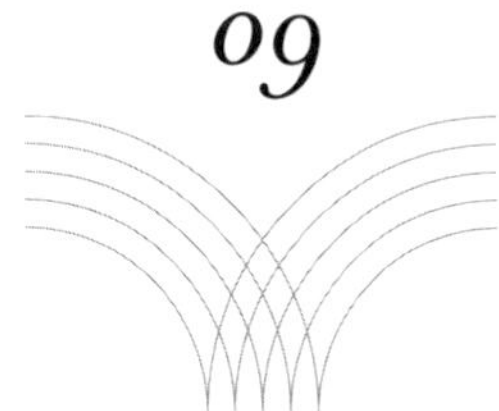

憍
mada

mada 的漢譯除了憍，還有醉、誑、放逸、傲、慢等，
乃因狂喜而心倨傲，不能自主，
是由六根本煩惱之一的「慢」衍生出的枝末煩惱。
人們應學習放下追逐俗世的欲樂，
追求由智慧乃至正行所成就超越俗世的涅槃之樂。
斷除「憍」，斷除使一切煩惱和隨煩惱生起的作用，
朝向真正跳脫生死大海的成佛之路前進。

「憍」是梵文 mada 的漢譯，而 mada 是由動詞語根√mad-1 +名詞語基構成音 a 做成的陽性名詞。它意謂：快活、爽快的氣氛、恍惚、熱情；放縱、情欲；自負、傲慢、厚顏等；漢譯除了「憍」之外，尚有：醉、醉亂、迷醉；誑；樂昧著；放逸、憍逸；憍恣、傲、慢、恃、自恃。

「憍」和「放逸」（pramāda）此二枝末煩惱的梵文動詞語根都是√mad-1，而√mad-1 的原意是「喜樂」，換言之，此二枝末煩惱都是由於過分喜悅、得意，以致有所偏邪造成的。難怪「中庸」被奉為王道，過與不及都不良，都可能成為引發苦果的惡因。在「放逸」和「憍」二者之中，前者因貪、瞋、癡和懈怠而生起，導致心對修善斷惡不勇敢，也不精進；後者則因狂喜而心倨傲，不能自主。

欲樂壞苦，寂滅為樂

喜樂可分成二種：世間的喜樂與出世間的喜樂。前者是被說為會樂極生悲的「樂」；用現今世俗的表達方式，它就是透過眼、耳、鼻、舌、身、意六根（六種感官）令人覺得很 high（興奮）的樂，亦即凡夫喜歡追逐的五欲樂，但在佛教，它屬於三苦之一的壞苦；會破壞的樂也是苦。至於後者，則是由智慧乃至正行所成就的涅槃之樂；依據佛教超世俗的說法，它是洶湧的煩惱波浪在生死大海中沉靜下來後的「寂滅之樂」，即：貪、瞋、癡三火或三毒消失後之樂。

上述兩種喜樂都被說為「樂」，但它們的本質顯然有極大的差異；又，追求這二種「樂」的人，也分別懷有不同的價值觀和是非觀等。前者，例如，以鹹酥雞等油炸食物為美食，認為每天享用才是幸福人生，但幾年下來所獲得的回報，卻可能是飽受痛苦的大腸癌威脅。根據衛生機構所公布的統計數據，罹患大腸癌者逐漸年輕化，且大腸癌已躍居十大死因之首。至於後者，則以為成佛才是人生的終極目標，因此發願多生多劫努力修行，以便達到證悟的境界，而終能徹底離苦得樂。

這二種人對自己的人生各做不同的計畫。人生處處充滿選擇題，而選擇哪一個答案，必須由自己下決定，沒有任何人可以代勞。因此，後果概由自己承受，但自己真的能勇敢承受嗎？世間所有的困擾和麻煩，都要藉智慧解決，所以人人應努力追求智慧，以避免不堪的後果產生；

或即使產生，也知道如何排除它。

狂喜倨傲，慢心滋生

「憍是染著於自己的幸福的喜悅，是心的傲逸（madaḥ svasaṃpattau raktasyoddharṣaścetasaḥ paryādānaṃ）。」這是安慧論師在《唯識三十頌釋論》說的。在此，「自己的幸福」指出身名門望族、健康無病、享受權位與勢力、年輕貌美、覺慧與見識超越他人等等。心中有憍的人，就會因擁有上揭幾項優點而內心狂喜，並進而引以為榮；過分以自己的強項為傲時，慢心其實已悄悄在增長了。由此看來，憍是一種攙雜狂傲的喜樂，且這種含有驕慢的樂遲早會害己傷人。

「憍」令無知眾生失去心的自主性，使他不能支配、掌控自己的心。不只如此，他的心反而被他覺得很得意、沾沾自喜的事物束縛，他的心不但成不了「主人」，而且反淪為「奴隸」。凡夫由於擁有自己的幸福，而於內狂喜不已，於外狂傲待人；在這種狀況下，很難修善，例如謙遜待人等。修善固然不容易，斷不善也非常困難。當自己做為一個凡夫，列於「人生勝利組」，在各方面都是

「穩拿（贏者，winner）」時，和一大群「魯蛇（輸家，loser）」相形之下，能不得意、進而忘形嗎？

如前述，憍意謂心因狂喜而倨傲不遜。關於心的驕傲、狂傲，佛教稱為「慢」。慢（māna）和思量（manas）都是由動詞語根√man-4構成（√man → mān ＋名詞語基構成音 a ＝ māna）的佛教術語。由於想像有「我」和「我所（屬於我的東西）」，進而以為自己的「我」和「我所」最貴重、最偉大，於是滋生出驕慢心。關於慢，安慧論師把它細分成七種：慢、過慢、慢過慢、我慢、增上慢、卑慢、邪慢。他並說，慢是依止有身見（邪見之一）而生起的。就是這個「有身見」，令愚癡無聞的凡夫誤以為「我」和「我所」真實存在，因而產生對此二者的愛著，並引以為傲。

這類無知者以為「我」或「屬於我的東西」都不會變——我永遠是我，不會有任何變化；屬於我的東西也永遠是屬於我的東西，不會有任何改變；這真的是令人陷入痛苦的錯誤見解。梵文 rūpa 是「物質」之意，而它的原意是「破壞」。佛教認為一切物質最後都歸於破壞，無一能倖免。因此，大可不必太在乎物質，那樣做完全無濟於事，絕對無人有力可回天。又，以家世、財產、學識等為傲，也大可不必，因為那樣做毫無正面的價值和意義。諸法無我、諸行無常才是佛教的核心教義。

再者，由六根本煩惱之一的「慢」衍生出的枝末煩惱「憍」，和慢一樣，是以擁有上揭種種自己的幸福即「我所」的部分為榮，這些在在都是無明所致；其實說穿了，都是庸人自擾。安慧論師以「ayaṃ ca sarvakleśopakleśa=saṃniśrayadānakarmakaḥ」結束他對「憍」的註解。這句梵文直譯成中文如下：「這以給予一切煩惱和隨煩惱依止為業。」文中的「這」指「憍」；「以給予一切煩惱和隨煩惱依止」意謂：六個根本煩惱和二十四個枝末煩惱可依止憍而生起；至於「業」，則是作用之意。總之，安慧論師告訴大眾：憍，具有使大小煩惱發生的作用。

煩惱星火，不得不慎

憍，有如從煩惱大火分出來的小火，但這把小火雖然乍看火勢不大，但反過來也可引發其他隨煩惱小火和煩惱大火。巴利相應部中有一篇《幼小經》，記載佛陀勸弟子不可輕視：小火、小蛇、小剎帝利、小沙彌。等將來有一天，此四者長大或變大，他們的影響力絕對不容小覷。因

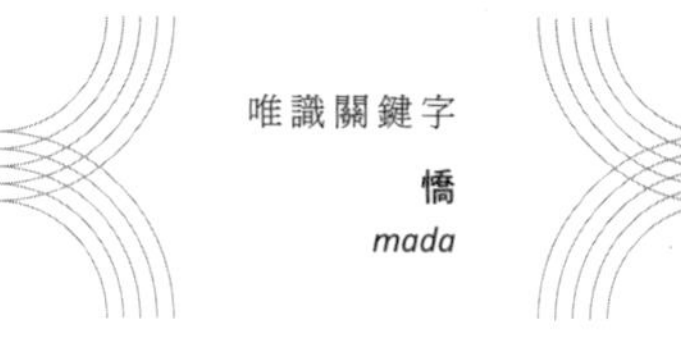

此，不要以為小煩惱力道不強，就放著不加以處理，其實它的反噬力可能超出想像之大。

據以上所論述，大煩惱會衍生出小煩惱，而小煩惱也可做為火種而激發出大煩惱，因此應切記：不論煩惱大或小，都要儘快斷除。若有人身上帶一把小火，則他或她最後很可能被它燒傷，甚至燒死。死灰都可能復燃，能不謹慎嗎？

——原刊於《人生》雜誌 374 期（2014 年 10 月）

IO

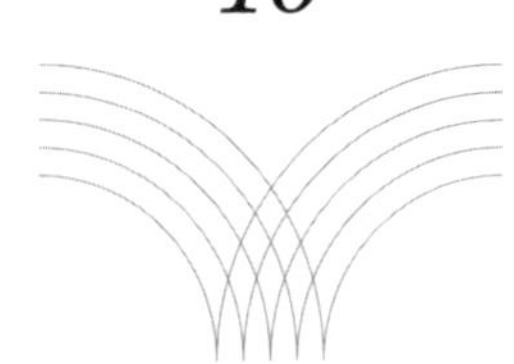

害
vihiṃsā

vihiṃsā，漢譯為「害」，

依據安慧論師的註釋，害是瞋的一部分，

不論語言或肢體暴力，都會損惱到眾生。

因此佛法要人們修習慈悲，轉惡為善，

才能幫助自己與眾生拔苦與樂。

害是梵文 vihiṃsā 的漢譯。vihiṃsā 是由接頭詞 vi 加上意謂「傷害」的動詞語根√hiṃs-7，和名詞語基構成音 a 後，陰性化而成的名詞。它有加害、損害、殺害、怒害、惱害等意。

安慧論師註釋說：「害，是損惱眾生。以種種殺害、捕縛、痛打、訶害等殺傷諸眾生……。害是瞋的一部分，是對諸眾生心的殘忍冷酷（vihiṃsā satvaviheṭhanā vividhair vadhabandhanatāḍanatarjanādibhiḥ satvānāṃ hiṃsā vihiṃsā......sā punaḥ pratighāṃśikī nirghṛṇatā satveṣu cittarūkṣatā）。」

不害眾生，拔苦與樂

若有人暗藏傷害他人的心意，或透過嘴巴把這樣的心意發為傷害別人的語言，以及藉由四肢等發為傷害別人的動作，則他對別人不但不懷慈愍，而且只想損惱對方，令其陷入痛苦的深淵中。按照佛法，這種人是沒有悲心的。佛法教人修慈悲，並對慈悲下一個定義：「慈是與樂，即帶給人快樂；悲是拔苦，即為人解除痛苦。」發願登上菩提道向成佛的目標前進的人，更應依佛所教修行慈悲法門，隨時隨地為眾生拔苦與樂。因此，一味想以種種方式或辦法去傷害別人以令他人痛苦者，等於是為自己未來成為三惡道的住眾做準備！

害（vihiṃsā）的相反詞是不害（avihiṃsā 或 ahiṃsā）。聖雄甘地帶領印度民眾反抗大英帝國的殖民統治，他所標榜的口號就是「ahiṃsā」。此一梵語，英譯為 nonviolence，有「非暴力」之意。由此可推知：vihiṃsā 就外在的行為而言，是以暴力加害的意思。其實，不論是語言暴力或肢體暴力，它們的源頭都是心理暴力；身、口、意的暴力，即是害。

眾生有以暴力傷害別人的心意，這表示眾生的心性絕對不是完美的，有其惡的一面。眾生的心性若有重大缺陷，則人類社會可能就不得安寧，且世界環境也可能崩壞。為了祛除這樣的惡因和惡果，才是眾生必須透過佛法修行，以轉惡為善、轉染成淨、轉凡成聖、轉識成智的根本緣由吧。

世間萬物，安危同一

害是隨煩惱之一。害以什麼為對象呢？首先當然是一

切生物，即佛教所說的所有六道眾生。在人類社會中，人和貓、狗等被虐待，屢見不鮮；這是很不應該的。生為人的我們必須撻伐、指責的惡行。

又，與眾生極有關聯的語詞「世間」，佛教也常提到，並將它分為二。一是有情世間，指全部有生命者，即一切生物或六道眾生。二是無情世間，指無生命者，如植物、礦物，包括全部有生命者所居住的環境，如地球等。實際上，有情世間和無情世間是分不開的，例如：若沒有環境可居住，眾生將無所依止。職是之故，傷害有情，有時也可能會傷及有情所居住的環境。從業果報應來說，眾生的身心是正報，而眾生所住的環境是依報。因此，說有情與其生存的環境息息相關、安危同一，是無可置疑的。

然而，世人對這點，卻有截然不同的見解和作法。關心地球存亡的環保人士一再提醒：「我們只有一個地球。」然而，卻有人不惜破壞環境生態以達成累積私人財富的目的，由此可見：「害」所加害的對象也包括無情世間在內。

通常，人在懷著傷害別人的心意時，周圍的人是難以事先察覺的；要等到他發為具有攻擊性的語言或行動，才恍然明白他是如何動惡念的。有人說的話比刀更傷人，因而受害者或許一輩子都在傷害中。至於以刀、槍、棍、棒、繩等殺、傷、捕、縛別人，其所加諸的傷害就更不用說了。

不論以什麼方式傷害眾生，語言暴力或肢體暴力，都會損惱到他們，受到損惱的眾生也因此產生「苦」和「憂」。苦有身苦和心苦。身苦不好受，心苦也不好受；身心都受苦，不用說，一定更不好受。然而，最難堪的苦應是：不知苦要受到什麼時候才停止——這就是最重大的憂；害會帶來憂，一個憂可能引發更多個憂；引發，再引發，似乎看不到有終止的那一刻。陷入永不休止的憂苦中的人，他的生命力也勢必不停地在減損，乃至最後命終。加害人，如果你和被害人的角色對換，你的感受如何呢？

害起於瞋，以慧捨斷

在貪、瞋、癡、慢、見、疑這六個根本煩惱之中，「害」是屬於「瞋」，即瞋的一部分。害和瞋一樣，都是對眾生的殘忍與冷酷。殘忍的人不但在做出傷害別人的行為時，毫不因自己的惡行而感到慚愧；又，冷酷的人也絕對不可能發起幫助別人脫離苦難的意願。

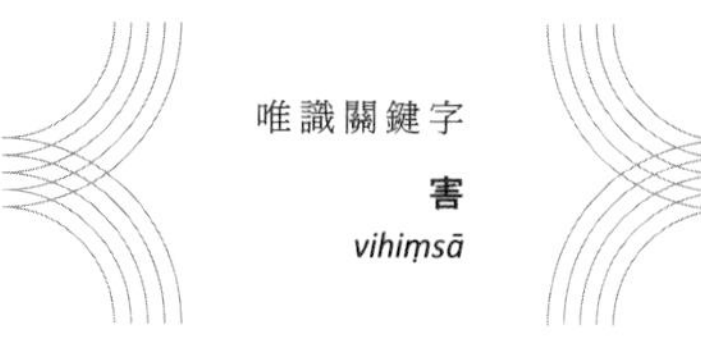

安慧論師在為「瞋」這個根本煩惱做註釋時說，瞋有引發不安住和惡行的作用，也就是說，有瞋心的人會做出口惡行和身惡行。依據佛法的「善有樂報，惡有苦報」的法則，做惡的人是要受苦報的。不安住的「安」是樂的意思，所以不安住就是不與樂共住，亦即會與痛苦共住。

總之，有惡行的人難逃懲處，不論輿論的批評或法律的制裁等，因此不可能生活在快樂中。眾生一旦為根本的或枝末的煩惱所束縛，就不容易離苦得樂，所以還是趕快接受佛菩薩的懇切教導，以智慧捨斷煩惱吧。

——原刊於《人生》雜誌 353 期（2013 年 1 月）

11

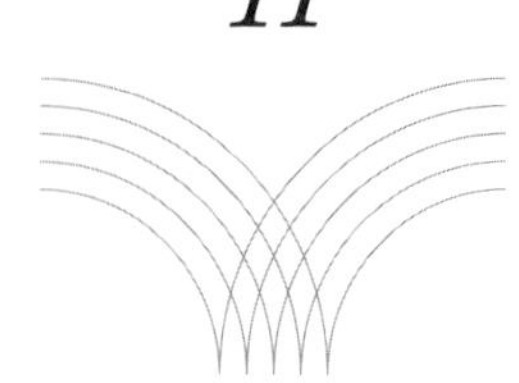

無慚 āhrīkya 與 無愧 anapatrāpya

人難免會犯錯，也會生起慚愧心，

可是為何有人無慚也無愧？

無慚與無愧的人是對不起自己也對不起別人，

唯有隨時隨地都抱持慚愧心，

才能不做五惡而行十善。

「無慚」是梵文 āhrīkya 的意譯。āhrīkya 是由 ahrī（f. 無恥）衍生出來的中性名詞，而 ahrī 是由 a（pref. 不、無、非）＋動詞語根√hrī-3 構成的。「無愧」是梵文 anapatrāpya 的意譯，由兩個接頭詞 an 和 apa +動詞語根√trap-1 衍生出來的中性名詞。

又，āhrīkya 也分解為 ā ＋ a，則因 ā 也有「完全」之意，故 ā ＋ a 也可解作「完全不」，再加上意謂「羞恥」、「臉發紅」的√hrī ，則可知 āhrīkya 有「完全不覺得羞恥」之意，因此在漢譯佛經中被譯作「無慚」。至於 anapatrāpya 則是 apatrāpya 的相反詞；其中，an 有否定之意，而 apatrāpya 意謂「羞愧」，有「愧、慚羞、羞恥、慚愧」四種漢譯，因此 anapatrāpya 在漢譯佛經中被譯作「無愧」。

根據以上的解析，可知 āhrīkya 或 anapatrāpya 在梵文原意中，都有「不以為恥」之意。那麼，如何分辨此二字呢？前者是對自己不覺得羞恥，後者則是對別人不覺得慚愧。針對什麼事會有這樣的感覺呢？安慧論師說：「人做錯事，對自己卻不覺得羞恥，就是無慚（āhrīkyaṃ svayamavadyenālajjā）。」又說：「做錯事，卻對別人不覺得羞愧，就是無愧（anapatrāpyaṃ parato

’vadyenālajjā）。」人犯錯後不覺得錯，更不知羞恥，也不覺得慚愧，那真的無藥可救了。這樣說是因為要這個人以後做對的事，將難上加難。

不怕犯錯，怕不慚愧

一般心智健全的人，在知道自己犯下大錯後的正常反應，照理應是羞愧得面紅耳赤，甚至無地自容，並且同時有一股很強烈的歉意生起，接著積極地想如何補救。然而，無慚或無愧的人剛好相反：絲毫不因自己做出惡行而覺得對不起自己或別人，更不會進而羞愧得抬不起頭。

人會犯什麼大過錯呢？以下僅以五戒（pañcaśīla）所禁的殺、盜、淫、妄、酒五種錯誤行為為例，略作說明。

（一）不殺生

關於殺戒，曾有一位日本佛教學者說過如下的話：只要破壞眾生——不論有情或無情——的功能，讓他不再能發揮他的正常作用，就是殺。這真是高明的見解！對殺一個人、一隻狗……，大多數人都會承認那樣做違反殺戒，但撕一張能用來寫字的紙、砍倒一棵能保持水土的樹呢？

或許有人不覺得那是殺。不過，使那張紙在被撕後不再能用來寫字、使那棵樹在被砍倒後不再能保持水土，也就是說，使它們的功能消失了，這不也是殺嗎？若不算是殺，則是什麼呢？殺有情才是殺，殺無情就不是嗎？如此，將把殺的對象或範圍定得太窄了。只要令對方賴以存在的功能喪失就是殺，應該是有理也合理的。

從這點來看，確實可把佛教和現今的環保主義連結起來。如此看來，佛教不論在哪個時代都具足充分的「現在性」。

（二）不偷盜

其次，「盜」的梵文原語是 adattādāna（adātta-ādāna），直譯為「不與取」，意謂把別人沒同意給他的東西（adātta，不與）拿走（ādāna，取）。有人對某些東西愛不釋手；明明不屬於自己的名、利、情等，不弄到手就心有不甘，於是用盡辦法，硬要從別人那裡搶過來，即使別人不願意給他。這樣做當然很不好，也很不應該。

不過，最可惡的盜竊行為應屬官吏的貪汙和浪費公帑。巧立名目制定預算，以致使公帑白白浪費，也可算是盜取公帑的另一方式吧。至於貪汙，更是大罪過。政府以國民每年所納的稅款，支付擔任官員、民意代表等的薪資。他們身為公僕，服務人民乃天經地義，若反而刁難洽公的民眾，以致逼使民眾為了趕快成事而行賄，就是違法亂紀。這些都可說是「不與取」吧。

（三）不邪淫

再者，從近來「小三」、「小四」、「小五」等語詞流行，可看出現代人的感情生活相當雜亂。夫有情婦或妻有情夫，都會傷害到與自己有血緣關係的人。少數人出軌，讓多數人受苦，真是不智！不幸！因此，遇到這種問題時，最好能排開情緒而以智慧解決，免得大家痛苦不堪。

（四）不妄語

第四的妄語戒就是禁止說謊言。古代中國的聖賢好像只教人守信。個人為了保住自己的利益說謊，似乎也算是識時務的「俊傑」。然而，基督教和佛教都嚴格規定信徒無論如何不可說假話，並列為信徒必須遵守的戒條；佛教更主張信徒若破戒，要承受果報。

一個持戒的佛教徒不但要持「諸惡莫作」的戒，而且要持「眾善奉行」的戒。謹守不做惡的戒和修善的戒，都是理所當然的事。因此，在家眾要奉行五戒十善，而出家眾除了五戒十善外，還要嚴持毘尼，否則不算是正信的佛教徒。

（五）不飲酒

最後是酒戒，即禁止喝酒。幾乎每天電視都在報導酒駕撞傷人或撞死人的消息。撞傷人或撞死人，相當於破壞一個家庭的完整和幸福。因此，酒駕是一件害人不淺的大罪行。政府不能硬性規定人民不可喝酒，而只能在酒醉出重大傷亡後才處罰。這種消極作法不能防患於未然。理應對因喝酒而出重大命案者處以重罰，以表示肇禍者對受害者本人或家屬的補償。

五戒所顯現的五種惡業，凡夫在日常生活中很容易犯，因此應隨時自我警惕。人們常說：「凡走過必留下痕跡。」同樣地，佛教也說：「凡做過的惡行不會平白消失。」每一筆「帳」遲早會算清楚。

無慚無愧，不知懺悔

無慚的人常常也可能同時是無愧者。慚和愧的通相是做錯事不以為恥。犯了罪過，對自己都不覺得羞恥，對別人，那就更不要說了。無慚和無愧的作用是做所有煩惱與隨煩惱的助伴，致使轉識成智、轉染成淨變得更加困難。

正信的佛教徒在犯錯當下，要立即生起慚愧心才有救，切記！切記！這樣說，是因為有慚愧心才會壓低重犯率。更積極的作法是時時刻刻懷著慚愧心，因為這樣更能預防做錯事。

其實，無慚無愧的人是既不知也不會懺悔的，因為在他們眼中，自己做錯以致傷害到別人，沒什麼大不了的。然而，不痛心懺悔，勢必使他們很容易重蹈覆轍。對於違背道德，衛道人士頂多說一句「知恥近乎勇」，有沒有真正知恥，有沒有因為真正知恥而勇敢改過，只有自己明白，但宗教都強調真誠懺悔才能改過遷善；死都不懺悔的人，遲早會嘗受精神懲罰或更大更多的痛苦業報。

有慚有愧，趨利避害

人性通常是趨利避害的。一般人對趨利避害似乎有負面的看法，但對此不妨從另一個角度思考。利和樂連結，害和苦亦然。做令自己開心的事，是趨利；不做令自己難過不舒服的事，是避害。慚愧的人終究會離苦得樂，因此他是知道趨利的。然而，無慚無愧者最後難免受苦報，因此他愚癡到不懂避害。

犯錯後認錯與愚癡無聞凡夫的根性牴觸；他們心中盡是煩惱充斥。惡作亦即「悔」，也是煩惱之一。因做惡而追悔，因追悔而內心懊惱與不安，這種後果不是煩惱眾生願意承受的。於是，反過來說自己所做的惡行不算什麼，又，自己為非作歹而傷及無辜，也沒有什麼大不了的；沒有絲毫的悔意，也沒有些許的懊惱不安。對這種人，好像什麼慘事都沒有發生過似的，日子照樣很好過，這確實是可怕可惡的鐵石心腸。儘管如此，這個娑婆世界要轉成淨土，首先還是要靠大眾隨時隨地都抱持慚愧心。

——原刊於《人生》雜誌 349 期（2012 年 9 月）

12

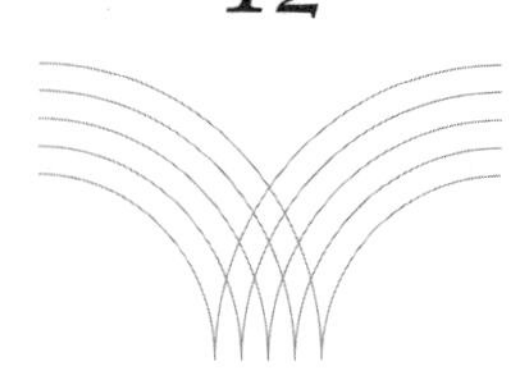

惛沉
styāna

styāna 漢譯為「惛沉」或「疲」等，根源於「癡」。

安慧論師詮釋「惛沉」為「心的不堪任、不調暢」。

心若沒了活力、作用與功能，

就像一灘不會流動的死水那樣，

對身心產生莫大的影響，也被無明煩惱困住。

此時，能把煩惱的沙塵沖刷掉的，只有智慧的大水柱。

「惛沉」是梵文 styāna 的漢譯。styāna 是由動詞語根 √styā-4 ＋名詞語基構成音 ana 而成的中性名詞。√styā 意謂凝固、變稠密、增加，而由它構成的 styāna 有強硬、無感情、不關心之意。其漢譯除了「惛沉」之外，尚有「疲」。

心不調暢，猶如死水

安慧論師詮釋「惛沉」為「心的不堪任、不調暢（styānaṃ cittasyākarmaṇyatā staimityaṃ）」。心是認識主體，具有認識宇宙萬物的能力。說心「不堪任」，即是說它失能了；說心「不調暢」，即是說它停滯不通。總之，就是說心沒有活力、沒有作用、沒有功能，像一灘不會流動的水。

水和風一樣會流動；流動是水的特性之一。因此，水不流動時，水就失去它的作用，以及它所以為水的資格和條件。一般稱不流動的水為死水，大概也是就這點而論的吧。依據以上的說明，把一個惛沉的人譬喻為不流動的死水，可說十分貼切吧。

水，一旦不流動而成為死水時，則在生活上與它相關的人絕對不能袖手旁觀、等閒視之。為什麼呢？因為它終究會為環境及健康帶來大小不等的傷害。同樣地，一個陷入惛沉的人也會因它而心先受損傷，進而身和口，乃至在日常生活和職場工作上，多多少少也會遭殃。一個「心不堪任、不調暢」的人，不可能反應敏捷，卻很可能因遲鈍而失去機先；他所遭受某些損害，也可能導致極具破壞性的後果。

如上述，安慧論師在把「惛沉」解作「心的不堪任、不調暢」後，進而闡釋「不調暢」。日本佛教學者宇井伯壽在《唯識三十頌釋論》中，將「不調暢」譯為「無働の狀態」。其中，「働」一字是日本人創造的漢字，它的意義相當於英文的 “work”，亦即「工作」、「起作用」之意。「働」也可引申為身體器官、才能等活動、發生效力。據此，可知心不調暢的意思，不論是心不起任何活動或心停滯不通，在在彰顯心不能發揮它的認識能力或作用。

至此可推知：「惛沉」此一隨煩惱會和哪一個根本煩惱有關聯？正確的答案是「癡」。惛沉屬於癡的一部分，亦即被包括在癡的部類之中。惛沉的人不會一臉聰明、手腳敏捷，倒是看起來一副愚昧遲鈍的樣態；反應不但緩慢而且錯誤失據。愚癡無聞凡夫常因不能徹底斷除惛沉這煩惱，而使自己遭受極為不堪的後果吧！

心若無働，不起作用

依據佛教的主張，心掌管認識的功能。我們能見、聞、覺、知物體的長、短、方、圓等形狀，和青、黃、赤、白等顏色，以及種種聲音、香氣、味道，可觸物、思想感受等，都是心所使然。如果心「罷工」或「停止」，猶如死了一般，我們的心將無從發揮見聞覺知的作用，因而變成一無所知。

在認識論方面，小乘佛教和大乘唯識佛教有很大的差異，關於這點，在此不可能以三言兩語說明它。因此，只能簡單地說：當認識作用發起時，一定有認識的主體和被認識的客體。互相接觸，認識能力才能被發揮出來的，亦即認識作用才能成立。因此，若心不堪任、不調暢，處於「無作用」的狀態，就沒有人能了解任何內在或外在的所緣即對象——宇宙萬物。難怪安慧論師絲毫不敢輕忽「惛沉」的嚴重性，而說它會成為一切煩惱與隨煩惱的助伴。也就是說，所有的煩惱，不論是根本的或枝末的，都可能因「惛沉」的影響而生起、增長。

惛沉既然是隨煩惱之一，則它對人性的向上提昇，顯然具有障礙作用，甚至反而會促成人的良知、良能向下沉淪。又，凡夫為什麼會縱容自己墮落而不可自拔呢？從上述惛沉是癡的一部分，大概就能明白箇中原委。愚癡的人沒有足夠的智慧分辨種種善惡，反正只要「適性」就好；「適性」是古人的說法，用現代人的說法是「只要我喜歡」。

不論是「適性」或「我喜歡」，都含有個人的感受和欲求；倘若多數的人所作所為，都只為了滿足自己的欲望，以令自己歡欣雀躍，整個社會不大亂才怪。相反地，修習菩薩乘的人一定有足夠的智慧，使自己知道如何去追求善法。即使他在圓滿成就他的善法欲時，會歷經許許多多的障礙和艱苦，他的內心也很明白：這樣做的結果是既利他又自利。完全出於自利的動機或為達成自利的目的才有所作為，是很難得到大成就的；縱使有所得，那種收穫也不能長久享用。

智慧水柱，沖刷塵垢

簡言之，依據佛法，只有先利他後才有自利；這是說，無論做什麼，都要先抱持一份利他的心意，如此才能使自己真正獲得好處。有智慧的人知道：全世界只有他一個人、無人可互相合作、幫忙時，他很難生存下去；直到最後斷氣，他會一直活得很辛苦，無論身心各方面都將疲憊與失衡。因此，每一個人必須關懷自己周遭的一切，尤其是自己以外的有情眾生：這才是智慧的開端。只要智慧開始滋長，哪有餘地容許惛沉生起、增長？

若說得到智慧是果，則促成這個果的因是什麼呢？佛教徒了解因果關係：如是因造成如是果；有如是因時，才會發生如是果。因此，明白天下沒有不勞而獲的。西方人也說：「No pains, no gains.（沒有勞苦，就沒有收穫）」那麼，要怎樣「勞」才能有「穫」呢？佛教徒應努力學習戒、定、慧此三增上學，不論是自修或從善知識學，或二者兼行，務必使自己認識正信的佛法，同時依教奉行。這一來，終有一天「客塵煩惱」才會徹底消失不見，顯露出來的只有「正知見」。

煩惱有如一堆汙穢的沙塵，而智慧是一道既潔淨又強而有力的大水柱。當有情眾生的心識被那堆沙塵蓋住時，非常需要那道大水柱不斷地沖刷。煩惱的沙塵隨時隨地包圍著我們，但那道智慧的大水柱是否一直由我們掌握住呢？

——原刊於《人生》雜誌 362 期（2013 年 10 月）

13

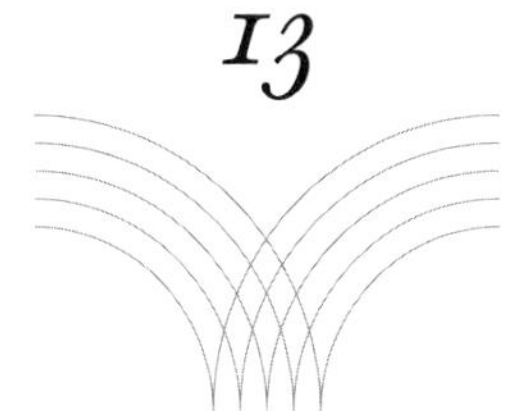

掉舉
auddhatya

auddhatya 的漢譯有「掉舉」、「掉起」、

「高舉」、「輕躁」，根源於「貪」。

安慧論師註釋「掉舉」為「心無寂靜」，

換言之，心不在止；心不止則無法定，

無定則無法觀慧、發慧，

故唯有止滅諸想、不掉舉，才能由定生慧，智慧現前。

在解釋「auddhatya」前，先就印度佛教語文略作說明，小乘佛教採用巴利語，大乘佛教則用梵文書寫。然而，大乘佛教所使用的梵文攙雜著印度的方言，被稱為佛教梵文，以與婆羅門教所採用的梵文做區別。

auddhatya 即屬佛教梵文（巴利語作 uddhacca），漢譯為「掉舉」，是從巴利語 ud-dhata 衍生而來的。ud 是接頭詞，有「向上」之意，而 dhata——dharati 之過去被動分詞（ppp.）——有傲慢、輕侮之意，即對自己，自大自尊；對別人，則傲慢無禮。在漢傳佛教經論中，除了「掉舉」，auddhatya 的漢譯，尚有「掉」、「掉起」、「高舉」、「輕躁」。

輕躁高舉，過於不靜

auddhatya 是一個與禪定有關的佛教術語。當一個禪修者的心陷入浮躁亢奮的狀態時，就稱為「掉舉」。它與「惛沉」顯然有別：「惛沉」是停滯不通，而「掉舉」是輕躁高舉。前者過於不動，後者則過於不靜。過與不及都不是理想的狀態，能動能靜且適中方為妥當至善。

安慧論師註釋「掉舉」為「心無寂靜（cittasyāvya=

śamaḥ）」，並進一步解說「寂靜」是「止」（śamatha，音譯為「奢摩他」）。據此可知：陷入「掉舉」時，不可能修「止」；換言之，「掉舉」有妨礙「止」的作用。「止」和「觀」一樣，是有關定學三增上學之一的術語；它意謂止息諸想（saṃjñā），即混亂的知覺，而令心歸於寂靜。當種種想或概念紛紛生起時，心是很難靜下來的；可見任何一個想或概念，對禪修都是有害無益的。

出現在《金剛經》中的想有：我想、眾生想、壽者想、補特伽羅想、瞋恨想、法想和非法想。此經並說：還懷有這些想或概念的修行者不能稱為菩薩，而「佛世尊已離一切想」（sarvasaṃjñāpagatā……buddhā bhagavantaḥ。cf. 第 14 分）。由此可推知：那些想或概念具有負面的內涵；又，止滅它們令不生，也是正信佛教徒的修行德目之一。佛教主張「諸法無我，諸行無常」，而上揭的種種想或概念卻肯定實體的存在，顯然與無我無常觀是牴觸的，因此它們被歸為邪想妄念；佛教徒在修定學時也非努力止息它們不可。

能止息種種想或概念的人，即是修「止」有成者。這種人的心識不會散亂，亦即：既不會於自己的內心中一個接一個地生起雜念妄想，也不會令心為外緣或外境所吸引而飛揚出去；此時此刻，他的心保持寂靜；在這樣的狀況，才能進一步去觀想。

然而，「掉舉」和「止」是互相矛盾的：心處在「止」之中，就不容有「掉舉」生起的餘地；若陷入「掉舉」，則不可能修得「止」。由此可知，如上述，「掉舉」有妨礙「止」的作用，是無庸置疑的。一個人不論在任何場合做任何事，只要他心浮氣躁以致輕舉妄為，他勢必成事不足，敗事有餘，亦即他絕對不可能是贏家，可能大輸特輸。又，陷入「掉舉」時，就表示已不在禪定中。沒有做為因的禪定，當然就不可能生起做為果的智慧；簡言之，不能由定生慧。

止觀同時，智慧現前

人在遇到令他覺得非常快樂的事時，他的心情會變得十分亢奮以致靜不下來，甚至事後回憶起來，情境歷歷在目，依然如故。一些往昔的樂事隨順貪（六根本煩惱之一）而生起，乃至引發輕躁高舉的情緒，而令心不得平靜，大抵不是美妙的事，反而很可能促成傷害、破壞與令人遺憾不已的後果。

一位真正修行佛法的人，他的情緒不會因為遇到好事而高亢，當然也不會因為遭逢壞事而陷入低潮，亦即不因有任何變故而激揚興奮，也不消沉萎靡；他應該處於慈、悲、喜、捨四無量心之一的「捨無量心」中。此中的「捨」不是捨棄或捨斷之意，而是指處中而不偏於兩端（equilibrium）。心在「止」之中，才可能「觀」，因而智慧現前。然而，凡夫一旦墮入「掉舉」之中，他的心就不會平靜，亦即不在「止」之中，因此他不可能生出修所成慧。

什麼是修所成慧呢？這要從佛弟子如何修學佛法說起。佛弟子必須學習的佛法是戒、定、慧三學；而所採行的學習方法是聞、思、修。聞是聽聞善知識宣說佛法，善知識是人格、學識都極優秀的老師和朋友。

古代印刷術不發達，書籍的流通頗多局限，因此弟子學習的第一步是先聽有學問的師長解說，然後把所聽到的從頭到尾如法契理地仔細思惟一番，最後一著是修。

對「修」一語不可望文生義，而直接解做「修行」；實際上，它和觀想有相同的意義。因此，修所成慧即是觀慧，由觀想而成就的智慧。《俱舍論》把般若解做對諸法的揀擇（pravicaya）。不對宇宙萬物做一番分析推求，終究很難了解它們的真相；在不知道真相的狀況下，很有可能不知所措或動輒得咎。

順便一提，依據上文所說，「修」不可解作「修行」。這是漢字的問題。在此無意做深入的解析，以免偏離主題，但為清楚表示二字在意義上的差異，我用 meditation（冥想）指「修」、practice 指「修行」，希望略能輔助對佛教術語的了解。

隨順貪生，心不在止

雖然安慧論師沒有直接了當地說「掉舉」屬於貪的一部分，但從他對「掉舉」所做的說明之中，可看出他有這樣的想法，即：「掉舉」和貪是有關聯的。安慧論師說，一些往昔的樂事是隨順貪而生起的，而在憶起那些事時，心失去「止」而變成不寂靜。據此推知：心不在止之中，是心不寂靜的原因，而心不寂靜就是「掉舉」。從以上的解說，可推知「掉舉」是貪的一部分。

然而，《成唯識論》明白地指出二種說法：一說「掉舉」包含於貪，是貪的一部分，因為它是憶起過去的開心事而生起的；會憶起，當然是貪著所致。另一說「掉舉」

不只包含於貪，因為「掉舉」遍於染心，這是說只要心懷貪、瞋、癡等煩惱，就可能輕躁高舉。對於佛法的說明，佛教學者難免有不同之處，但他們的用意應該都在於為不懂佛法的人解惑，以便他們能依教奉行。因此，只要意見如法契理，稍有殊異既難免也無妨，頂多是個人或宗派見解的呈現而已。

六種根本煩惱和二十四種隨煩惱並非個個獨立而互相沒有連結的。它們擠在一起，各個把自己的「病毒」傳給對方。若不趕快把它們一個一個消滅掉，眾生的心（煩惱的住處）會病入膏肓，乃至無藥可救而喪亡。

——原刊於《人生》雜誌 363 期（2013 年 11 月）

14

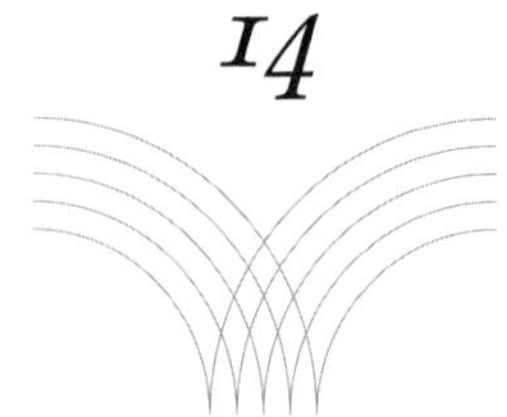

不信
āśraddhya

āśraddhya，漢譯為「不信」，
依據安慧論師的註釋，
是對業、果報、四諦與三寶的不信解，
也會強化一些惡的心理活動，例如會障礙對善法的願求，
不信的後遺症是終究會促成懈怠，會妨礙善法的實踐。
不信與懈怠又與癡有關聯，
所以，信仰的階梯應是由信到智，
有解有行，才是正確的態度。

梵文 āśraddhya，漢譯為不信。從字面上的意義來看，不信，當然是指對某些特定的人或事不相信，而「信」剛好相反。

一般來說，不信只是基於一些自我或對方的因素，而對一些人或事生起的不信任。這是日常生活中稀鬆平常且屢見不鮮的現象，不足為奇。然而，在佛教，和無慚、無愧等一樣，它卻也被列入隨煩惱中，成為佛教論師們探討的對象，因為它也會促成眾生造惡業，以致令眾生不易離苦得樂。由此可見，佛教把不信看得那麼嚴重。這是為什麼呢？

依據安慧論師的註釋，不信的定義是「對業、果報、四諦和三寶的不信解（karmaphalasatyaratneṣvanabhisaṃ=pratyayaḥ）」。了解佛法的人自然立刻明白，不信成為隨煩惱之一的理由所在。若有人皈依佛教，卻不信業、果報、四諦、三寶，則他準是冒牌偽裝的佛教徒，不能稱為正信的佛教徒。

因果緣起，佛教根本

佛陀弘法數十年，教給眾生的，不外是業、果報、四諦、三寶；這些是最根本也最重要的佛教教義，佛弟子不可不信解。它們可歸納為緣起論；反過來說，緣起是它們的理論基礎。緣起必然涉及因果，因此，若把因緣果報從佛教中剔除掉，佛教就不見了。緣起論，確實可說是支撐佛教思想最強而有力的巨柱。

以四聖諦為例，苦聖諦是在說苦；集聖諦是在說苦生起的原因；滅聖諦是在說苦的除滅；而道聖諦是在說滅苦的方法。苦是佛教的核心思想，在確定人生是苦後，才接著追究苦發生的原因，以及消滅苦的方法。

根據佛教，眾生由於煩惱深重而透過身、口、意造作了許多惡業，因此眾生流轉生死苦海，承擔痛苦不堪的業報。人生在世，一定會遭受到種種的痛苦，如：常須和親愛的人別離或放棄自己喜好的事物；或每天不得不面對所怨恨憎惡的人或事物；政府所訂法規或制度的不公不義所導致的生活痛苦指數升高；以及老、病、死等。佛教主張人生是苦，並不表示它是一種悲觀主義。

佛教當然也不是一種幼稚的樂觀主義，說信眾不必在意教義和戒律，只要每天快快樂樂就夠了。佛教是一種成熟的達觀主義，雖然說人生是苦，但它同時也確定苦終究會消滅，並提出滅苦的方法；從這點即可看出佛教的積極

性。只要眾生依教奉行八正道、六波羅蜜等，終必捨離一切苦，不再受眾苦折磨而進入涅槃寂靜的境界，佛教說這才是樂，也鼓勵信徒追求它。

至於佛教徒不能不信佛、法、僧三寶，是很容易了解的。娑婆世界雖然是穢土，但很幸運的，有努力追尋它而終於獲得它的佛，也有離苦得樂的法，更有把佛所悟的法世世代代傳承下去的僧伽。佛教能長期流傳於世間以教化、利益眾生，絕對是要依賴三寶的；沒有三寶常住世間，佛教哪能永續留存？因此，護持三寶是佛教徒不可不做的事，而護持的源頭就是虔信因果，因為三寶也在在反映出緣起：有三寶住世的因，才有奉行佛法而得到解脫並利益眾生的果。佛弟子若不信解因果，則不僅傷及個人，也危害佛法。

不信之惡，不識善法

不信，既然是指不相信佛教的基本教義，當然它就成為很值得追究的問題。那麼，不信是一個怎樣的心理狀態呢？安慧論師說：「不信是對實有、有德、有能之事的不信解、無澄淨、無願望（astitvaguṇavatvaśakyatveṣvan=

abhisaṃpratyayo 'prasādo 'nabhilaṣaśca）。」將這句略作分析如下：

不信是一種對佛法不信解和無願望，以及心的無澄淨。上揭實有、有德、有能之事是就業、果報、四諦和三寶而言的。對照《成唯識論》，實有、有德、有能之事是指善品，亦即善法或好的事物。因此，不信意謂對善法既不相信又不去了解，以致對它無所悉，進而對它毫無願求。不相信也不認識善的人，當然很難區別善與不善的差異所在，因而一切作為大多從本能、私利出發。要這種人趨善避惡是困難重重、不易達成的事；久而久之，他勢必與善絕緣，而累積出一大堆惡。

又，不信這個惡心所不但促成對善法的不信解和不願求，而且會令心混濁：令本是善的心所變成不善。這意謂：不信會弱化善心所，例如信；同時，它也會強化一些惡的心理活動，例如不信會障礙對善法的願求，終將陷入邪惡而不知慚愧，亦即變成無慚無愧。心終因不信而無澄淨。它就像一個髒掉的東西，除了本身很髒外，也會染汙周邊的東西而令它們也變髒。一個不信不知因緣果報的人，他的心地會是清淨的嗎？又，他會更進一步幫助他人轉惡成善嗎？

不信此一隨煩惱會對愚癡無聞凡夫有很強的影響；對他們的心靈會造成大的傷害。不信有負作用，也有後遺症。它不僅上揭那些對善法的不信解、不願求以及心無澄淨，而且它會促成懈怠的發生。懈怠與精進相反，它是心對善法不敢開發的怯弱；也就是說，它會妨礙善法的實踐。由此可推知：懈怠是不信的果，不信是懈怠的因；二者有因果關係。

懈怠者對善法的實踐不起勁，主要由於他不相信善法，更不好樂善法的實踐。又如上述，不信是對善法的不信解、無願求，及心無澄淨。那麼，不信者對善法當然不會想去實踐，以致終於一面懈怠成性一面對善法無知。可見從善法的實踐來說，不信和懈怠是有些雷同的。懈怠是由癡衍生出來的不精進，因為不努力而無知，所以說它是癡的一部分。而不信所致的不信解，當然與癡也有關聯。至此不信和懈怠此二隨煩惱終於有連結。

由信到智，信智一如

《華嚴經》說：「信為道源功德母。」這種信，其實是初階的信。宗教信仰當然要從信開始，但不能此後就一直止於膚淺的信。在信之後，要對自己所信的教義努力學習而達到有所了解的階段，亦即由信到智，否則很可能使這種初階的信變成仰信，亦即由崇拜而信，最後可能因缺正知見而遭受不堪的後果。

確實，由信到智、進而敬仰不移，這才是健全的信仰階梯，因為在有信有解之後，自然會更深信不疑，且更能珍重所信的種種；也就是說，由信而知，再由知而更信，並更景仰敬重。當然，先從智下手，到知得很徹底了，自然生信。由信而知，或由知而信，應取決眾生自己的根性吧。

在宗教信仰上，智慧占有非常重要的地位。在佛教，最高的信就是與智合一；信即是智，智即是信，所謂信智一如。因此，說達到信智一如這樣境界的佛教徒，才是正信的三寶弟子，是完全正確而沒有絲毫可疑的。不過，如何做到信智一如呢？它絕對不是從天上掉下來的禮物，而是眾生要透過努力學習才能獲得的；又，努力也不是只努力幾個月或幾年，而是要努力三大阿僧祇劫。

——原刊於《人生》雜誌 352 期（2012 年 12 月）

15

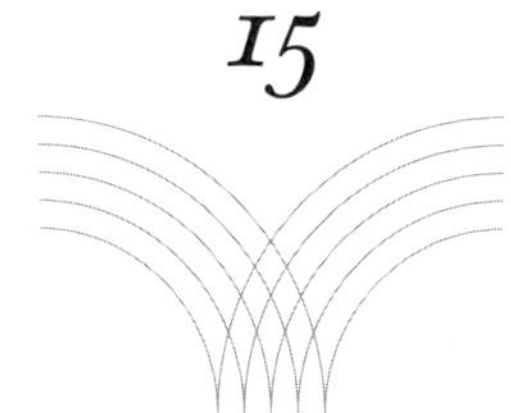

懈怠
kausīdya

懈怠是精進的相反，
即內心對善的身、口、意業，
生不起一股努力去做的力量；
懈怠所引發的作用會讓人不致力於修善，
將令善業不增，且容易使惡業滋生增長，
勢必無法修行、累積福慧資糧。
佛弟子當自我警惕！

懈怠是梵文 kausīdya 的漢譯。它是《唯識三十頌》中所列的隨煩惱之一，屬於癡的一部分，是一種懶散、不積極進取的心理和行為，與精進（vīrya）剛好相反。

在人的內心裡，懈怠是一種怎樣的心理作用呢？它的本質如何呢？

安慧論師說：「心對善的不勇敢（kuśale cetaso 'nabhyutsāho）。」若對此做進一步的解讀，則安慧論師為懈怠所下的定義是：令人的內心對善的身、口、意業，生不起一股努力去做的力量。懈怠者在面對善法的修行時，內心是極其脆弱且不起勁的。

障礙精進，增添雜染

關於懈怠，《成唯識論》解說得比較詳細，更深入地表示：懈怠者不但對修善很消極，連斷惡也很懶得去進行。不努力修善，則善法不增；不努力斷惡，則惡法不減。如此，善根福德勢必無從累積；若善根福德一直不能充足，則一定會有不利的影響。《阿彌陀經》不也說：「不可以少善根福德因緣得生彼國（極樂世界）」嗎？去不了淨土，只好繼續留在三界六道輪迴吧！

懈怠是一種懶散、不積極進取的心理和行為，它被判定屬於癡的一部分，主要原因就在於它具有這樣的本質，而懈怠的本質也造就了它的作用。安慧論師說：「以妨礙善品的加行為業（kuśalapakṣaprayogapripanthi=karmakaṃ）。」意謂人會由於懈怠而不修善法、不做善事；這就是懈怠的作用。不致力於修善，不但令善業不增，反而容易促使邪惡滋生增長。所有的煩惱，不論是根本的或枝末的，確實都會有引發不良後果的作用，懈怠當然不例外。

《成唯識論》也說，懈怠有障礙精進、增添雜染的作用。懈怠者會滋長雜染。又，致力於種種雜染的事也稱為懈怠，因為它會退損善法。這裡所說的雜染應是指內心的煩惱；而種種雜染的事也應是指種種與煩惱相應而引生出來的惡業。由於懈怠而滋長煩惱，進而造作惡業，終於受到苦報，不得解脫，這不就是愚癡的作為嗎？

內心脆弱，一事無成

《阿彌陀經》說：「極樂國土眾生生者，皆是阿鞞跋致。其中多有一生補處。」阿鞞跋致是梵文 avinivartanīa

一語的音譯，意思是不退轉，指不從成就佛菩提的大願大行退卻，亦即持續追求佛的覺悟。一生補處是梵文 eka-jāti-pratibaddha 的意譯，指來生將成佛的菩薩。不論是不退轉菩薩或是一生補處菩薩，都是長期努力修善斷惡、以致福慧資糧相當充足的菩薩。去極樂世界和他們「俱會一處」，絕對不是一件易如反掌的事，難怪《阿彌陀經》會說：「不可以少善根福德因緣得生彼國。」

由此可知，必須準備很多很多的善根福德，才能往生淨土。然而，大量的善根福德是要靠長期努力不懈去累積的；這偏偏是懶惰眾生的弱項。縱使阿彌陀佛很歡迎眾生往生極樂世界，懈怠者也去不了，除非他脫胎換骨，變成持續致力於修善斷惡，以累積福、慧二菩提資糧。更進一步分析，懈怠者不能長期努力修善斷惡，應是因為他內心鼓不起勇氣和毅力去做。

常聽人說：「機會是給準備好了的人。」一個會預先好好做準備的人絕對不會是懈怠者，而懶惰的人即使機會送到他的手上，他也很可能懶得去接住；又儘管接住了，又能有什麼可發揮的呢？懈怠的人怕辛苦，不敢承擔；由於內心脆弱而洩氣、無能為力，最後乾脆無所事事，這或許是懶惰者的心路歷程吧。懈怠者也因一再地沒有成功

的經驗，而日益脆弱、洩氣、無能為力、無所事事。無疑的，從結果而論，懈怠勢必導致一事無成，也就是說，懶惰的人往往是十足的失敗者。

欲與勝解，觸發精進

一般人都會有自己的理想或目標；他對特殊的對象會斬釘截鐵地生起一種愛樂、希望獲得等等的心理作用或活動。人不想要的東西絕對不是他非常喜愛的，甚至很確定自己是徹頭徹尾不喜愛它的；相反地，人想得到的事物必定是他十分喜歡的，並且確定自己喜歡到不得了的程度，甚至連做夢都想要。以上所述就是唯識佛教說的「別境」（特殊的對象）心所中的「欲」（想要）和「勝解」（確定想要）此二心所。

人在喜歡某一對象後，自然會堅定地想得到它，所以「欲」心所的作用是會令人發動他的精進力，而「勝解」心所是會令人堅定不移地朝著想達成的目標努力不懈。但是，懈怠的人因為沒有自己特別喜愛而非得到不可的東西，所以不管做什麼，都絲毫不帶勁，總是一副懶散的樣子。

然而，或許有人會反對上揭的說法而辯駁說：「懈怠者看起來或許真的是對什麼都不起勁，總是興趣缺缺，但說他沒有特別喜歡而想要的事物，也不算正確，因為不可能沒有，只是無法如願以償罷了。」當然，懶惰者也會有喜愛並想要的東西，但無疑的，這種喜愛和渴望得到的心，並沒有強烈到成為促使他為達成目標，而努力不已的動力。這是懈怠的人最後不能如願以償的關鍵所在；又或許也是使他一直懈怠下去、完全不思改善的原因吧。懈怠眾生若真的這樣，當然無藥可救。

學無止境，精進不懈

以上有關懈怠的解析，主要從佛教的修行層面切入，亦即純就修善斷惡來對懈怠做說明。實際上，日常生活中，不論是在學校求學或在職場就業，生性懶惰的人很難有亮眼的成績或成就，因此他必定不會獲得嘉獎、陞遷。若受不了懈怠所導致的不堪後果，就選另一條路——精進吧！

順帶一提，眾生的心理活動（心所）並非單一獨自在運作。一個心理活動常牽動其他好幾個心理活動一起發揮

作用。從懈怠心所可看出：它和精進、欲、勝解這三個心所是有連動關係的。由此可推出一個結論：眾生的心理是很複雜的，很難得到周全充分的了解，所以心理輔導和治療不是容易的事。從事這種工作的人對人文必須有相當深刻的體認，而不是只學一些專業技巧，就能上場顯示自己的能耐。

「學無止境」這個「學」，不是只念念相關的教科書就夠；念念相關的教科書或許只是全部學習中的萬萬分之一而已。

——原刊於《人生》雜誌 346 期（2012 年 6 月）

16

放逸
pramāda

pramāda 的漢譯為放逸、驕逸和逸，

意味極端地放任自己追求、享受逸樂，

因貪、瞋、癡、懈怠而生。

如何對治放逸？從修善下手，

應學習與人分享而成就不貪，修慈悲而成就不瞋，

好學不倦而成就不癡，修精進而令心勇敢抗拒惡業。

梵文 pramāda 的漢譯有放逸、驕逸和逸。它是由接頭詞 pra +動詞語根√mad-1 重音化為 mād + 名詞語基構成音 a 而成的陽性名詞。其中，pra 有「向前」、「非常」之意，√mad 則意為「喜樂」。這兩部分合成的 pramāda 一字，則意謂：瘋狂，謬誤；不注意、等閒視之，怠慢；災厄，不幸，而漢譯為「放逸」、「驕逸」。「驕逸」中的「驕」，不只含有「驕傲」之意，它尚可解作「猛烈的」。因此，「放逸」或「驕逸」一語，用白話文解釋，可說是極端地放任自己追求、享受逸樂的意思吧。

三毒衍生，煩惱之瘤

然而，pramāda 的內涵不只如上述那樣；它有一段由因到果的推論歷程：愚癡無聞凡夫過分安逸喜樂，以致脫離正常的生活之道，對道理、規矩、職責……，皆等閒視之，結果可能導致災厄、不幸；這不就是樂極生悲嗎？

相反地，有智慧的人隨時隨地在「作意」——自我警策：每當由於自己所思、所行和所說的不如理如法，因而在一條危險的人生岔路出現時，立刻警覺到，並以善巧方便（skillful means）避開，再回到原來的康莊大道上。打個譬喻，先天愚癡而後天又不好學的眾生，像一列只知向前奔馳的火車，只做會釀成悲慘後果——車禍——的慣性動作，而賢明者卻像一位遵守交通規則、最後平安抵達目的地的好駕駛，二者之間可明顯地看到霄壤之別。

事出必有因。人類歷史上，任何事件的發生必有它的原因，而原因也必定會引生出結果。就發生的根源說，「放逸」本身或許可說不是因，而是果。根據安慧論師的註釋，它是三個根本煩惱「貪、瞋、癡」和一個枝末煩惱「懈怠」所導致的另一個枝末煩惱，亦即：凡陷於貪、瞋、癡、懈怠者必然放逸。放逸又被列為枝末煩惱之一，成為眾多苦因之一，因此它也會造出一些不堪的苦果。

煩惱 A 做為因，產生煩惱 B 這個果，B 這個果再做為因而產生煩惱 C 這個果；接下去可能沒完沒了。一個煩惱破壞傷害的力道或許比較小，但如果許多個煩惱綁在一起，且綿延不斷，那就更能凸顯出它們勁力的強大。這可說是「團結就是力量」的另一種呈現吧。從「惑、業、苦」此一系列可知：惑即煩惱終究會帶來痛苦的人生，因此一切眾生應努力地把煩惱一個一個斷除，更不容許它們結成一個大「瘤」。

愛著貪求，追逐逸樂

放逸既然因貪、瞋、癡、懈怠而生，則此五者之間必有關聯。以下擬對這點略做探討。《唯識三十頌釋論》的作者安慧論師對貪、瞋、癡、懈怠所做的註釋如下：

貪（是）對有（存在）及享樂的耽著與希求（rāgo bhavabhogayoradhyavasānaṃ prārthanā ca）。

瞋（是）心中對諸眾生的憤怒、對諸眾生的冷酷（pratighaḥ satveṣvāghātaḥ satveṣu rūkṣacittatā）。

癡（是）對諸惡趣、對善趣、對涅槃、對使那些成立的諸種因，以及對它們不顛倒的因果關係的無知（moho ’pāyeṣu sugatau nirvāṇe tatpratiṣṭhāpakeṣu hetuṣu teṣāṃ cāviparīte hetuphalasaṃbandheyadajñānam）。

懈怠（是）心對善的軟弱無勇，與精進相反（kausīdyaṃ kuśale cetaso ’nabhyutsāho vīryavipakṣaḥ）。

根據上述，放逸衍生自貪，由此可知：放逸者愛著、希求的是長壽與五欲樂。大部分的人怕死，他們不但要在現世活很久，也要一直享受富貴榮華；即使到生命盡頭，也仍期待厚葬，表示最後一次在人間風風光光；又要死後「活」得很好，這就是佛教所說的「後有愛」。阿羅漢以

「不受後有」為修行的目的，而凡夫卻反其道而行，他們的貪真是永無止境。

又，放逸者既然以滿足個人的愛著、貪求為要，也必定不願、也不能和別人分享。當別人妨礙到他的獨樂樂時，勢必本能地抗拒、傷害對方，這就是冷酷心。

至於癡，佛教不會說沒有知識的人愚笨。癡，在佛教看來，是對宇宙人生的真相的無知。不知一切法都是無常無我、任何人都不能掌控，這就是癡；每天與煩惱為伍，不知尋求解脫，這就是癡；不知煩惱為因，終究會製造出不好受的苦果，這就是癡……。放逸者由於熱衷追逐逸樂，而不知這樣做可能帶來讓他生生世世輪迴不已的後果。

安慧論師說懈怠是癡的一部分。一個懈怠者面對善的身、口、意業時，他的心是軟弱的，精進不起來；要他修善斷惡，雖然不像登天那樣難，但總是很難的。因此，他的雜染會滋長，而他的清淨會減退，結果得到一再輪迴、難達彼岸的下場。

總之，貪、瞋、癡、懈怠對眾生都非常不利，更慘的是：一旦沾染到它們，就很不容易擺脫。眾生理當隨時隨地努力避開它們，否則有朝一日可能因此而墮入三惡道，

遭受無窮盡的痛苦。讓自己得到這樣惡劣結果的人，難道不是非常不智嗎？

修善斷惡，清淨無染

已闡明放逸產生的源頭，接著，要述說的是放逸有什麼不好的作用。修善是對治貪、瞋、癡和懈怠的方法。如上述，放逸既然是衍生自貪、瞋、癡這三個根本煩惱和懈怠這一個枝末煩惱，則對治放逸的方法也應同於對治上揭四個煩惱的方法，亦即修善。

所謂修善就是修善行，具體地說，就是修身、口、意三種善行。當眾生身體做出來的行為、嘴巴說出來的話語、內心想出來的觀念，都是如法合理的時候，他就是在累積福德資糧；他也一天比一天更遠離苦海而接近淨土。因此，我們每天要關注我們自己的作法、說法和想法，讓它們端正，而避免偏邪。時時刻刻提醒自己：增惡損善的事盡量由少做，進而終於不做。在「惑、業、苦」這一系列中，如果所做的全是善業，則表示前已無惑（煩惱），且後也無苦（墮三惡道）。這不就是涅槃？不就是徹底清淨無染而得解脫嗎？

放逸者藉身、口、意這三種器官造作種種惡業，他會做成什麼惡業呢？樂於自己擁有、多多益善的人，心中一定滿是貪，而會與人分享的人，貪念勢必變薄變淡。樂於與人分享，就是願布施、會布施。放逸者若因親近佛法而發願修行，則應學習與人分享而成就不貪。依此類推，放逸者要修慈悲而成就不瞋；要好學不倦而成就不癡；要修精進而令心勇敢抗拒惡業。

總之，只要捨棄貪、瞋、癡、懈怠，放逸就消失不見。反之，只要讓貪、瞋、癡、懈怠湊在一起，就會多滋生出一個放逸。這和生病一樣：一種病引發另一種病而變成生兩種病，鬱積愈多，身體終將不堪負荷而停止它的功能，而抵達人生最後那一剎那——死亡！

——原刊於《人生》雜誌 373 期（2014 年 9 月）

17

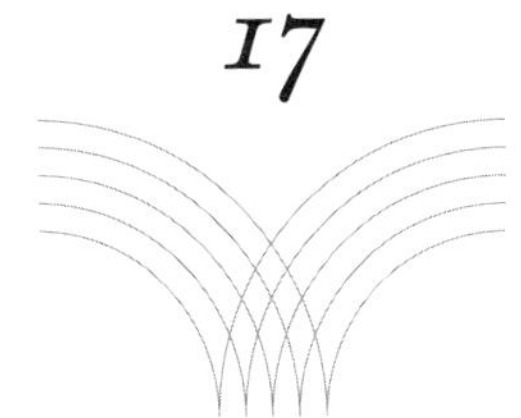

失念
muṣita-smṛti

失念，是忘掉記憶、忘失正念、忘失本念，
安慧論師註釋「失念」，為「染汙之念」，
即與煩惱相應的念頭。
為何會失念？失念又會產生什麼後座力？
人們因愚癡無聞失了正念，更讓心散亂，而滋生苦果。
所以，我們須時時保持覺察，多累積資糧、親近善知識，
讓智慧增長，才能不失念。

失念，是梵文 muṣita-smṛti 的漢譯。muṣita 是由動詞語根√muṣ-1＋i＋ta（過去被動分詞〔ppp.〕）組合而成，意謂「被掠奪」或「被盜取」等。把 muṣita 漢譯為「失」，那是「被奪去」原義的引申：既然被盜走了，當然就是「已喪失」了。又，smṛti 是由動詞語根√smṛ-1＋ti（陰性名詞語基構成音）而成的，其漢譯有：記、智、念、憶、正念、本心、憶念等，而原義為記憶、想起等。

忘失正念，染汙之念

《梵和大辭典》將「失念」解作「忘掉記憶」，其中所附的漢譯，尚有「忘失正念」和「忘失本念」。由此可知：失念中的「念」是「正念」，但在念之前加上「失」一字，就帶有負面的意義。因此，失念被列為隨煩惱之一，也就無庸置疑了。

安慧論師註釋「失念」為「染汙之念（kliṣṭā smṛtiḥ）」；染汙即是與煩惱相應。念既然和煩惱相應而成為染汙之念，則就其本質而言，當然不可能是正念。因此，從字面上的意義來看，失念也可解作失去正念，亦即沒有正念。有情眾生不可能不起心動念；也就是說，他們的心中總會有一些正念或邪念等。當他們失去正念時，在言行方面必然也會傾向邪惡不正。

muṣita-smṛti 從梵文被譯成漢文時，由「被盜走的記憶」的原義變成「失念」的引申義。那麼，「念」為何會被盜取或失去呢？也就是說，為什麼眾生會失去正念呢？關鍵就在於他們的愚癡無聞；這是說，凡夫天資不佳，又不肯努力學習。煩惱來到他們面前時，不知道趕快避開，反而緊緊抓住，於是落得全身無一處不髒汙。

按照安慧著《唯識三十頌釋論》，第六意識是對色、聲、香、味、觸、法此六境（對象）的「了別」，亦即「知覺」。它有哪些心所與了別或知覺相應呢？答案是：遍行心所、別境心所、善心所、煩惱心所和隨煩惱心所。其中，屬於別境心所的是欲、勝解、念、定和慧；這五個之所以被說為別境心所，是因為和它們相應的都是特別且確定的境，而不是一切境。被含括在別境心所中的念，是只針對以前曾經學習過的事，心中明記不忘失；對曾領納、認知過的事能牢記不忘，知識和智慧勢必增長。可惜的是，這種事不是人人隨時隨地都做得到的。

如上述，第六意識是對「色、聲、香、味、觸、法」六境的了別，亦即知覺，不全是善的，也有惡和善惡無記的，共有三種。當第六意識中的別境心所與屬於善的無貪、無瞋和無癡相應時，它們當然是善的，而當它們與屬於惡的貪、瞋和癡相應時，則勢必變成惡的；此外，當它們既不與屬於善的無貪、無瞋和無癡相應，又不與屬於惡的貪、瞋和癡相應時，它們必定是善惡無記的。

散亂所依，滋生苦果

「失念」既然被安慧論師解作「染汙之念」，可見這個念是與惡，亦即與貪、瞋、癡相應的；而惡或貪、瞋、癡就是煩惱。因此，失念也可說是與煩惱相應而形成的染汙果。失念本是一個麻煩，但隨後它還進而製造另一個麻煩——散亂，真是不幸加上不幸！

安慧論師在詮釋「失念」為「染汙之念」後，更進一步說：「此（失念）的作用是為散亂提供依止（iyaṃ ca vikṣepasaṃniśrayadānakarmikā）。」又，依據《成唯識論》，失念是散亂的所依，由此可推知失念者的心是散亂的。「散亂」也是隨煩惱之一。做為認識主體的心若散亂，則對做為認識客體的境，亦即對象，勢必不能充分專注，因而不能正確地了知，於是引發身、口、意的犯行、

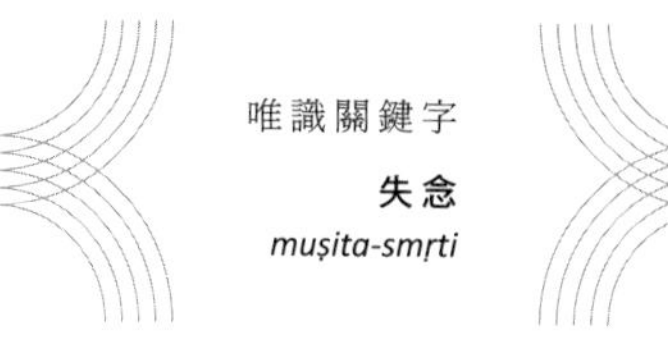

橫行等。至此可看出，各種隨煩惱之間緊密連結的關係：由於失念而心散亂，更因散亂而不得正知，以致造作惡業而滋生苦果。種種隨煩惱都是促成惡業，乃至苦果的負面動力；若能將它們之間的糾纏徹底解開，當然就不會有惡業乃至苦果的發生。

有些隨煩惱像一對連體嬰，一個緊跟著另一個出生，因而造成「1＋1 ＞ 2」的痛苦。一個隨煩惱可能成為另一個隨煩惱的製造者；它們彼此緊密纏結，如藤蔓那樣，很難分割捨離。隨煩惱雖然只是枝末煩惱，但它們的後座力還是不小。有一句臺灣諺語：「猛虎難敵猴群。」當一個發心精進修行的人，面對隨煩惱一個接一個起現行時，那個場景不是和一隻猛虎被一大群猴子包圍而不易脫困很像嗎？

依據《成唯識論》，有人說失念屬於念的一部分；這個念與煩惱相應而成為「失念」的念，就是「念」的一種。另有人說失念是癡的一部分。更有人把以上兩種說法合併起來而說，失念兼屬念與癡。若念與善、惡和善惡無記相應，而有善念（正念）、惡念（邪念）和善惡無記念（既非正亦非邪的念）這三種，則失念可說為念的一種。然而，從念變為惡或邪來看，則「失念」當然可說是癡的一部分；因此，陷入失念亦即染汙之念的人，就是有癡——無明或無知——的人。

時時覺察，心清腦醒

從有癡變成無癡，從有無明或無知轉為有明或有知，這和唯識學所說的「轉識成智」應是同一件事；讓自己成為有智慧的人，應是佛教徒學習佛法的主要目的。因此，在修行上遇到任何一個瓶頸或障礙時，應立刻面對那個瓶頸或障礙找出原因，並盡快把它處理掉。譬如說失念是與煩惱相應所致，那就迅速地看清楚自己在煩惱起現行後的真相，且立即應用自己平常累積的福慧資糧，或借用善知識的智慧，捨斷它；這樣做，至少還能保住自己的原狀而不至於退轉吧。

總而言之，「失念」這個隨煩惱生起，並不可怕；最可怕的應是任由它生起、增長，直到難以收拾的地步。這不是很像人們發現自己有某些病症時，起先完全不予理會，直到病入膏肓，才急著找醫生治療嗎？每個人都應對自己逐漸變惡劣的種種狀況有察覺，而且敏感度要夠高，才不致眼睜睜看著自己踏上不幸之路。只要感覺夠敏銳、

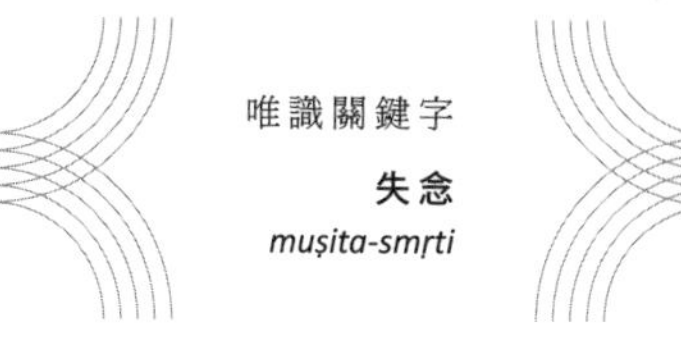

認知正確，多少會提早發現某些不對勁之處，接著努力設法處理解決，當然就不至於使自己以陷入苦境收場。因此，時時刻刻保持佛教所說的作意，亦即心清腦醒，是很重要也很必要的。

——原刊於《人生》雜誌 359 期（2013 年 7 月）

18

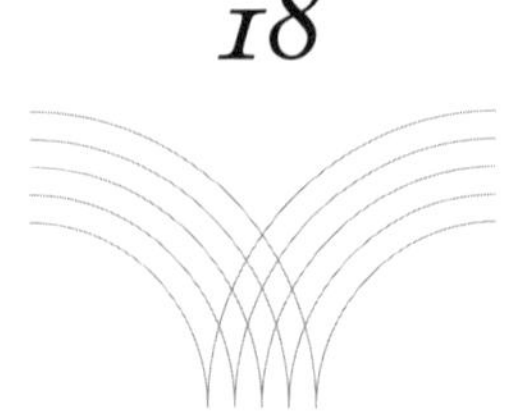

散亂
vikṣepa

vikṣepa 漢譯為散亂、紛亂、煩擾、煩惱、

錯亂、狂亂、亂心等，皆表示心是不平靜、不安定。

安慧論師為「散亂」下的定義，

是心的擴散，意即心因散亂而被投出。

散亂之源在於貪、瞋、癡三毒，

要對治散亂，排除修行障礙，

一定要從持守戒律著手，讓定、慧增上，

才有解脫煩惱、出離苦海的一天。

「散亂」譯自梵文 vikṣepa；此 vikṣepa 是由接頭詞 vi +√ kṣip-6 重音化為 kṣep +名詞語基構成音 a 而成的陽性名詞。√ kṣip 的意思是：投、擲、放出、迅速動（手腳）、發（話）、撒布等，而 vikṣepa 漢譯有：揚、動、散、亂、擾動、散亂、散動、壞亂、紛亂、雜亂、憒亂、動亂、動搖、蹴蹹、煩擾、煩惱、錯亂、狂亂、亂心、亂意、心亂；總之，這些漢譯都表示心不平靜、不安定之意。

佛教的煩惱（kleśa）論是在分析與說明有情眾生的心理活動。kleśa 有「苦惱」」、「染汙」之意。因此，上揭有情眾生那種散亂的心理活動，勢必帶有負面的意涵，因而「散亂」被列為隨煩惱之一，也就無庸置疑了。

生死苦海，散亂障礙

只要有情眾生有邪而不正的意行，他們就會發出邪而不正的口行和身行。若他們身、口、意之行都是汙穢不潔的，亦即不如法、不契理的，則他們總會造出各式各樣的惡業，而那些惡業勢必引生出種種與惡業相應的苦果。因此，人活在世間，誠如佛教所說，是「活在生死苦海」。

佛教把世間比喻為苦海，即使手握大權足以影響庶民生活的高官，或家財萬貫甚至富可敵國的企業主，他們享受著看似永不竭盡的富貴榮華，佛教還是認為苦海無邊，他們畢竟還是浮沉於苦海中的眾生之一。

為什麼世間是苦海呢？世間只能是苦海嗎？其實，世間可以是樂園，也可以從樂園變成苦海。就個人生活幸福與否來說也一樣：人們可以快快樂樂的，但也可以由快樂變成悲慘。這完全是由眾生怎麼想（意業）、怎麼說（口業）、怎麼做（身業）而決定的。然而，就佛法而言，凡夫總是不能徹底認清自己的想法（意業）、說法（口業）和作法（身業），到底是正確的或是錯誤的。說穿了，這是眾生本性愚癡（就心性而言，非就知識而言），而平常又無意努力學習所致。

人活在世上，應該活到老學到老，這樣才能保持思惟靈活、敏捷。一旦停止學習，勢必會逐漸變癡呆，乃至因而製造出許多麻煩。可是，要怎樣學習才會有效果呢？學習的路上充滿種種障礙。智能不足者不知如何學習，甚至連該學什麼都弄不清楚；又，意志薄弱者常半途而廢，不能堅持學習到底。此外，學習的動機和心態不正確，也會影響學習的效果。「散亂」也可列為學習的障礙之一，甚至可擴大為生活的障礙之一。光憑散亂是隨煩惱之一，就可確定它真的具有障礙性。為了對治它，必須要了解它的本質和作用。然而，在此之前，先要知道它的意涵。

心被投出，散亂所致

「散亂」是一種怎樣的心理活動呢？安慧論師為它下了一個定義：「散亂是心的擴散（vikṣepo……cetaso visāraḥ）。」他進一步解釋：「心被投出是散亂所致。」此處所說的「被投出」，應相當於「被某外境吸引（attracted）」；當然也暗指心被投給某些所緣（境、對象）上，或內心被某些對象所吸引。誰會把心投出去呢？只有自己才能這樣做。自己把心投給某些對象，或說自己的內心被某些對象吸引過去，依據佛法，這樣的自己和對象都是有問題的。會那樣做的人，可說是欠缺戒、定、慧的凡夫，而會吸引這種凡夫的對象也絕非真、善、美的。

什麼原因導致心被對象吸引過去呢？亦即：心是如何被投出的？這是「散亂」造成的。「散亂」出自何方？它何以有那樣的能耐呢？當有情眾生的心生起貪、瞋、癡時，他是沒有戒、定、慧的。因此，他的心很容易被投向、被擴散於會引起貪、瞋、癡的對象。在這種情況下，心會喪失它的認知功能；換言之，心為無明（無知）所覆。因此，心不能分別是非善惡。

這時，心是處在混亂不清的狀況下，於是它不會做出最正確的選擇或決定，只好如汪洋中的一艘船隨著風向而航行那樣，隨著無明的風向而動搖、散亂。這無明的風向是指貪、瞋、癡而言：對不該貪的，不知道離貪；對不該瞋的，不知道捨瞋；對不該癡的，不知道斷癡。因此，貪、瞋、癡三毒也可說是「散亂」的源頭。一種毒已經夠置人於死地了，何況出自三毒的「散亂」，它所造成的後果會不嚴重嗎？

持守戒律，定慧增上

關於「散亂」的作用，《成唯識論》說是妨礙正定及成為惡慧的所依。由此可知：正定和正慧都會因「散亂」而消失。因此，散亂者所具有的，可說是邪定和邪慧。在戒、定、慧三學中，他已無定學和慧學。在沒有定和慧輾轉加持下，戒學會進展、持戒會堅固嗎？又，《唯識三十頌釋論》說，散亂有障礙離欲的作用。如上述，散亂者欠

缺戒、定、慧，因此說他很難離欲，應無不妥；不能離欲者容易為追求滿足而犯戒。

對佛教而言，不論是為欲望所逼或是由於其他因素而犯戒，都是一件嚴重的事。不受戒律的約束，結果會如何呢？佛陀要求弟子嚴持戒律，就是要他們有所不為（止持），更要他們有所為（作持）。不該為而為，以及該為而不為，都是違反佛陀的教誨。如法契理的佛教徒，一定是應該做的就全力以赴，不應該做的則絲毫不動：前者積善，後者避惡。因此，不持戒可以說是既不積善，也不避惡。「諸惡莫作，眾善奉行，自淨其意」，是佛陀教眾生的。不依教奉行，將會給自己帶來很大的苦果。

綜而言之，煩惱病有如會轉移的惡性腫瘤，更有惡性循環的作用。以「散亂」此一隨煩惱為例，它源自貪、瞋、癡；也可以說是屬於此三毒的一部分。當此三毒還潛伏於內心時，沒有正戒、正定和正慧去監督、預防它們，萬一它們爆發、呈現，而叢生出一簇一簇的小煩惱，那就更無能為力了——不只沒有正戒、正定和正慧去疏導、化解它們，它們還反過來障礙正戒、正定和正慧，使戒、定和慧三者變質，而成為邪戒、邪定和邪慧。有鑑於此，正信的佛弟子，對於煩惱，不論是根本的或是枝末的，能不隨時隨地戒慎恐懼嗎？

——原刊於《人生》雜誌 360 期（2013 年 8 月）

19

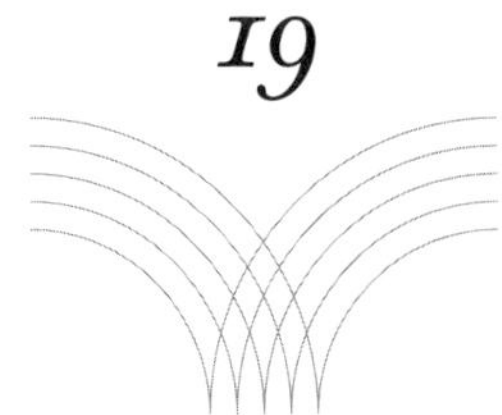

不正知
asaṃprajanya

不正知可視為慧或癡的一部分，或兩者兼具，
但皆不離煩惱，是染汙的，
對所觀的對象產生謬解，因而產生許多副作用。
不正知的人欠缺德性之智，
為了滿足私欲，不惜做出傷害人、家庭、社會等的事，
是佛法修行者要極力排除的惡法。

梵文 asaṃprajanya 是中性名詞，它的漢文意譯是「不正知」。此梵語中的 a 是接頭詞，有否定意義，接在以子音開頭的語詞前，有「不，無，非，未」等漢譯。其次，saṃprajanya 是由兩個接頭詞 sam 和 pra，加上動詞語根√jñā-9 構成的。其中，sam 解作「完全地」，pra 則作「向前」，√jñā 有「知道」之意。√jñā 的強語基是 jānā，弱語基是 jān。saṃprajanya 中的 janya 是 jān-ya（fpp.，未來被動分詞），但在 asaṃprajanya 中，jān 變成 jan，這或許是屬於不規則的變化或俗語化所致。

煩惱相應，導致無知

有論師註說，不正知也是一種智慧，只是這種智慧是不正確的，何以致此？因為它和煩惱相應。對此，我們可進一步推究如下：

「煩惱」的梵文原語 kleśa 就有染汙的意思。那會染汙眾生善良的身、口、意行的貪等六種根本煩惱，和忿等二十四種枝末煩惱，全部都被歸屬在五位百法中的心所法。其中，煩惱是惡心所，亦即錯誤且會導致苦果的心理活動或作用。既然煩惱是染汙的，那麼，與它相應的智慧

當然也一樣是染汙的。因此，這與煩惱相應的錯誤智慧，被稱為「不正知」。

另有論師註說，不正知是癡的一部分。這應是論師特別從煩惱的角度切入而判定不正確的認知，就是愚癡，二者沒有差別。又，另有論師註說，不正知包含慧和癡各一部分。把慧和癡分成二部分，而說不正知一部分是智慧，另一部分是愚癡。不論不正知是慧，或是癡，或是兼具慧與癡，總之，它都是錯誤的認識，屬於煩惱的範疇，也是佛法修行者要極力排除的惡法。

不正知的特質是常謬解所觀的對象，因此產生出如下的副作用：障礙正知以致多所毀犯；違犯法律或禁戒者大多是無知者。他們或許本來心性善良，卻由於無知而犯法或破戒，以致連善良也被抵消掉了；那種善良絕非真正根深柢固的，而只是表面上的、相對的；亦即時而善良，時而不善良，卻絕對不是始終善良的。

憑藉不正知這種智慧是不能明白自己的身、口、意行是不正確的。若有人連自己所做的種種行為正確與否都不知道、都不能判斷，則他的作為，除了可能犯法之外，也很可能是違背倫理道德，乃至宗教戒律的，也可說是違犯之行、横暴之行等。不知道自己做出這樣行為的人會是有智慧的人嗎？以上所說當然不是就一般知識而言，而是與德性之智有關。

滿足私欲，邪智傷人

在數千年之久的人類歷史中，不但人類沒有滅種，而且人類的文化大致還能持續進展，這絕非偶發事件。雖然不論在盛世或亂世，都可能出現傷天害理、為非作歹的人，但大多數的人尚能奉行必須遵守的生活規則，否則會造成社會大混亂和大災難。這就是人類持續存活的關鍵所在。

總之，怎樣做人、怎樣做事，無論如何都要盡量符合社會大眾都肯定、也都接受的規範。眾生明白並實踐生活的正道，不就是德性之智嗎？由此可知：眾生若要每天活得平安愉快，不但要斷除邪智，而且非增添正智不可的；這即是唯識佛教所提倡的「轉識成智」吧！

為了滿足個人的欲求，而違背正道、不擇手段，就是不正知。失智在醫生眼中是一種病症，由於身體上的某一部分，例如腦，發生異常的情況，於是喪失智能，有時甚至嚴重到連自己的日常生活都難以照料。在佛教，一切眾生，不論聖人或俗夫，理論上，他們都有智慧，只是這智慧的程度和性質有差異而已，但這差異所造成的後果卻有天壤之別：聖人藉著正確的大智慧而證得解脫，但俗夫卻因錯誤的小智慧而繼續沉淪苦海。

每天按照規矩生活，這種話說起來容易，但真的要「照表操課」時，卻困難重重。眾生過不了「清淡」的日子；絕大部分的人希望自己活得很「精彩」，因為在他們眼中的「清淡」意謂「掃興」，甚至「失敗」，而精彩代表「風光」，甚至「成功」。社會風氣帶有感染性，於是有些人無意留在「清淡族」內，發誓「思齊」，轉而脫隊效法「精彩族」，但真的個個都能如願地「風光」、「成功」嗎？

世人大多相信銀行存款少就等於貧窮，於是想藉由拚命工作以增加財富。然而，能否如願以償卻是未知數。看到有人可不勞而獲或輕而易舉就大有斬獲，內心更加不平。「不勞而獲或輕而易舉就大有斬獲」有沒有意含背後有些齷齪呢？貪官汙吏、奸商、詐騙集團、剝削勞工的企業主等，他們貪汙、巧取、豪奪所得到的金錢，當然會讓他們過著豪奢的生活，但他們的邪惡作為會帶給多少個人和家庭痛苦，他們知道嗎？他們可能心裡有數，但他們完全不在乎。可以說他們已經喪失德性之智了。那些欠缺德性之智而能做出讓別人痛苦不堪的人是笨蛋嗎？不，他們都是很精明的人，他們都清楚怎麼做對他們最有利，但他們這個「清楚」只是世俗的聰明才智。

這種聰明才智就是摻雜煩惱的不正知。有這種邪智的人懂得怎樣做有利於自己的事，也敢做有利於自己的事，即使明知那樣會傷害到別人。由此看來，先要解決的問題是為了自利，而不惜傷害別人的不良居心；將它消除後，自然就不會有違反法律、道德倫理，及至宗教戒律等的害人之行。

煩惱之源，不得不慎

心思單純的人不會在短暫的時間內，有許多不同的想法，因而引出許多不同的說法和作法，而心思複雜者則剛好相反。有許多不同的想法、說法和作法的人，面對自己所要處理的事，絕對不會只用一個方法；一個方法行不通，馬上會有另一個冒出來，直到「大功告成」才「善罷干休」。

貪官汙吏、奸商、詐騙集團、剝削勞工企業主絕非心

思單純的人，他們憑什麼獲得「成功」？就憑世俗的聰明才智。這種聰明才智與私欲相應。他們一生中的最大目標是名利、權位……，而他們的聰明才智是達成這些私欲的方法和手段。用佛法的說法，他們個人的欲求是煩惱，而他們的聰明才智是不正知。

不正知的人欠缺德性之智，因此，對什麼違背德性的事不可做，以及什麼不違背德性的事可以做，他並不了然於心；又，即使了然於心，也無動於衷。他一心一意想要的是，在世間怎樣把名利、權位等弄到手，所以會做出傷天害理、殃及眾人的事，是一點也不稀奇的。

就像即使價格非常貴的眼鏡，只要鏡片上塗了一層漿糊，它就失去用途那樣，智慧只要沾上煩惱，不論是根本的或枝末的，它就由正確轉變成錯誤；而錯誤的智慧會促使惡業產生；而惡業一旦產生，就只有繼續輪迴，不易超脫。由此可以斷言：煩惱是眾生的天敵，也是眾生在菩提道上的大石頭，能不謹慎嗎？

——原刊於《人生》雜誌 350 期（2012 年 10 月）

第四篇 不定心所

惡作 kaukṛtya
睡眠 middha
尋 vitarka
伺 vicāra

01

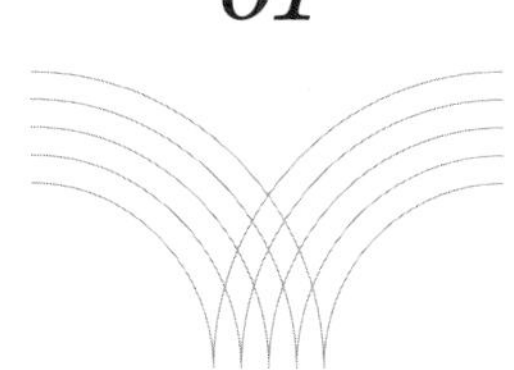

惡作
kaukṛtya

kaukṛtya，漢譯為惡作、悔、懺悔等，
安慧論師註釋惡作是「心的追悔」，
即以惡行為對象的心之懊惱（心對惡行感到懊惱），
看似具正面的意義，為何入隨煩惱之列？
因為惡作會招致心不定、不輕安、不安捨的後果。
如何能斷除惡作？
唯有不斷努力在「戒、定、慧」三學上精進，
才能使心不生懊悔。

梵文 kaukṛtya 被漢譯為惡（ㄨˋ）作、悔、悔心、悔過、悔愧、懺悔、憂悔、疑悔、疑惱、著意等。乍看之下，一個人能有悔心，又會悔過、悔愧、懺悔等，應屬有善根的人。然而，實際上，其中帶有玄機：後悔什麼呢？更具體地說，到底是後悔做壞事？還是後悔沒有做好事？

再從梵文做解析。kau 是 ku 的複重音化。ku 有「惡、無意義」之意。漢譯有邪、不善、非正、惡、鄙惡。kṛtya 的意思是做。由 kau 和 kṛtya 合成的 kaukṛtya，安慧論師先把它註解為「心的追悔（cetaso vipratisāraḥ）」，接著說「惡作是造作自責的行為」，最後解釋：「惡作是以惡行為對象的心之懊惱（kukṛtaviṣayaścetaso vilekhaḥ kaukṛtyaṃ）。」至此可看出：惡作是指內心對所做的惡行，生起懊悔苦惱。若是如此，則惡作並非壞事，為何也列在隨煩惱心所之中呢？

悔是惡作，是非不明

《成唯識論》把悔（惡作）、眠、尋、伺另列為不定心所。安慧論師則將此四者一併列入隨煩惱中，因此在他所著的《唯識三十頌釋論》中，共有二十四種隨煩惱。然而，在註釋完二十四種隨煩惱後，他又附帶說明，惡作、睡眠、尋、伺此四者，各分為染汙與不染汙二類。或許因此後來被從隨煩惱的總數中分出，而另當作「不定心所」，如《成唯識論》所為。

以惡作為例，它有「染汙惡作」與「不染汙惡作」二類。染汙的惡作，是對「沒有做壞事反而做好事」心生懊惱，亦即後悔自己行善；這是受染汙心刺激而與染汙心相應所致。至於不染汙的惡作，則是「心因不行善」而懊惱；這是受不染汙心所刺激而與不染汙心相應的結果。安慧論師認為，只有染汙的惡作等屬於隨煩惱；不染汙的惡作等則不然。

關於惡作或悔，《成唯識論》有比較詳細的說明：悔是惡作，而惡作的本質是厭惡先前所做的業，因而生起懊悔。此「先前」所做的業，當然包括善業和惡業。不論先前做善或做惡，隨後都覺得厭惡、懊悔。這是不是有點是非不明呢？因為厭悔做善是壞事，而厭悔做惡是好事。對做好事或做壞事都感到厭悔，其中必然有緣故：或許是因為——那樣做，不但沒有好的收穫，反而造成損失或傷害吧！

同時，《成唯識論》也說厭惡、懊悔先前不做的業，同屬惡作。此先前不做的業，當然也包括善業和惡業。不論先前不做善或不做惡，隨後也都覺得厭惡、懊悔。這也是是非不明，因為厭悔不做善是好事，而厭悔不做惡是壞事。對不做好事或不做壞事都感到厭悔，其中也必然有緣故：或許如上述，也是不得利且反受害吧！

總之，行善和不行善都會厭悔，又做惡和不做惡也都會厭悔。雖其中另有因緣，但在此僅擬就厭悔略作解說。不論行善或不行善、做惡或不做惡都厭悔，就這種心態而言，就是惡作。然而，就造成厭煩的事項而言，則有好壞之分：厭悔行善和不做惡是壞事，而厭悔不行善和做惡是好事。由此可知：把悔或惡作列為不定心所，是依厭悔的對象而定，《成唯識論》也對此詳做說明。

悔以障止，智慧不生

若以惡作（亦即厭悔）做為因，它會促成什麼樣的後果呢？它會造成內心的不安。安慧論師說，惡作的作用是妨礙心的安定；這和《成唯識論》所說：「悔以障止（奢摩他）為業。」有相同的意涵。

與「心的安定」或「止（奢摩他）」有關的心所，共

有列為別境心所之一的「定」，以及善心所的「輕安」和「行捨」。其中，「定」是心對被觀想的事物保持專注，亦即心一境性（心只對準一個對象生起作用、活動），因而能發出如實的智慧。「輕安」有身輕安和心輕安。心輕安能令與正確作意相應的心獲得適悅與輕鬆。又，「行捨」的「捨」，和「慈、悲、喜、捨」四無量心中的「捨」相同，不能解作「捨棄」；而是意謂心遠離沉滯不動或掉舉暴衝等雜染法，而住於寂靜，進而保持正直、並進入不造作而只如理回應的無功用狀態。

不論是定、輕安或行捨，都能使心既不沉滯也不浮躁，並進一步令心發揮正確認知的功能。光就惡作（亦即厭悔）令心不能安定、適悅、輕鬆、平靜這一點，就足夠把它視為惡不善法，因此把它列在隨煩惱中是很合理的。

有善意要行善，確實是好事。善意是行善的動力，但只靠善意就能把善行推動出來嗎？不盡然。當然還需要一些配套，例如：要有正確有效的方法；要能掌握行善的適當時機；要了解行善對象的根機等等。簡言之，行善也需要依靠相當的智慧去推動，才能做得圓滿。

至於不做善，是因為缺善意這個動力，所以自然而然不會有行善的作為。眾生為何不願主動做善，甚至連被動去做也不要呢？原因是他煩惱深重，不知道煩惱愈輕，做惡愈少，因而痛苦愈減。加上在心態上，至少不做惡者和行善者比較類似，可說是好的；做惡者若與不行善者比較接近，則可說是不好的。此外，當然也可能另有既不做惡也不行善者。

儘管在此評論厭悔行善、不行善、做惡、不做惡，有好壞、正邪的差異，但如上述，只要是厭悔亦即惡作，它本身就是一種染汙法；它會破壞內心的安定、平靜，這也可算是一件很嚴重的事。

修習三學，掃除惡作

佛陀教導眾生學習戒、定、慧；此三者即佛教所說的「三學」。三學的排序是有意義的：有戒才有定，有定才有慧；也就是說，戒是定的基礎，而定是慧的根源。若定被破壞而喪失了，這表示定之前的持戒出問題：或許不但持不了戒，反而破戒了。

再者，定既然被破壞而喪失了，這表明得到慧是不可能的事，因為沒有定這個根源，慧是無從生起的。由此可看出：戒、定、慧三者息息相關；它們必須串連在一起，

才能說修行有成。成就不是靠滿足單一條件或因緣即可達到的；然而，只要一個條件或因緣欠缺，就可能連帶使其他條件或因緣也喪失，以致終究很難有任何的成就。沒有戒，很可能就沒有定以及由定生起的慧；沒有定，很可能定之前的戒和定之後的慧都不見了；沒有慧，很可能慧之前的定和定之前的戒，根本從未出現過。由此可知，戒、定、慧三學不但彼此有密切關聯，而且有增上的趨勢：有戒比什麼都沒有好；有戒又有定比只有戒更好；有慧比只有戒和定更好；最後戒、定、慧三學具足最好。

如上述，惡作的作用是妨礙定、輕安、行捨這三個心所，也就是說，它會令心不能安定、適悅、輕鬆、平靜。當眾生的心處在不安定、不適悅、不輕鬆、不平靜的狀態之際，他能縝密地思量、正確地認知嗎？任何人在心慌亂時，不可能做出高效率的成果。箇中原因，佛陀說得很清楚；若心不入定亦即慌亂，慧是生不出來的；而在沒有智慧可用以抉擇諸法的情況中，勢必胡亂做事，以致造成不堪收拾的後果。所以，佛教徒能不把「惡作」斷除嗎？

——原刊於《人生》雜誌 355 期（2013 年 3 月）

02

睡眠
middha

middha，被漢譯為「睡眠」或「懈怠」，
可視為一種精神睡眠或心靈昏迷。
根據安慧論師的註解，middha 是癡的一部分，
會使心失去自動自主的認知作為，而欠缺智慧。
我們應該隨時捨斷與癡相應的煩惱，
並擴大心量，做出利他之舉，
才能累積向上向善的菩提資糧。

被漢譯為「睡眠」的 middha，是梵文中性名詞，但它並不是「累了就去睡一下」，或「晚了，趕快上床睡覺吧」，那種躺在床上閉目入眠的意思。就梵文的原義而言，middha 似乎和睡眠無關。在《大藏經》中，有的經典把它漢譯為「懈怠」，如《月燈三昧經》；然而，也有將它譯作「睡眠」的，如《唯識二十論》。這樣看來，關於 middha 的真意，確實是很值得探究的。

其實，真正表示睡覺之意的梵文是屬於陽性名詞的 svapna。svapna 相當於英文的 sleep、漢文的睡眠。如果 middha 被漢譯為「懈怠」是正確，那麼，它既然沒有 sleep 或睡眠這種意思，為什麼還被漢譯為「睡眠」？到底 middha 的真正意涵是什麼呢？又，此「睡眠」的漢譯是否另有其他深義？

昏滯不動，睡眠懈怠

據莫尼爾．威廉斯編的《梵英大辭典》，middha 的英譯是 sloth 與 indolence（懶惰、懶散），而《梵和大辭典》把它解作「精神的遲鈍」、「怠惰」，並提供六個漢譯：眠、睡、睡眠、悔眠、惛眠、昏滯；其中只有最後一個不涉及睡眠。在「昏滯」一語中，「昏」意謂糊塗、不明白、知覺不清、愚昧、無知；「滯」則有不流通、停頓不前之意。由此可知，昏滯意指由於昏愚而停滯、不知前進。

關於「眠」一字的意思，《國語辭典》除了解作「閉目睡覺」之外，還提供一個資訊，即：蠶在脫皮時，不吃也不動，這就叫作眠。由此可知：眠一般指睡覺，但另有其他意義，即「不動」。例如說某人長眠，就是意謂他已死亡，亦即他再也不能動了。這是把死亡比喻為永遠的睡眠。既然眠也可解作「不動」，則此「不動」和上揭「昏滯」到此就可合起來理解了。

如上述，middha 在《唯識二十論》和《月燈三昧經》之中有不同的漢譯。對同一梵語 middha，不同的譯者有不同的翻譯。不論是漢譯為「睡眠」或「懈怠」，譯語的意涵，乍看起來，不能不說是有差距的，但將此二漢譯合併探討與思考，可看出它們或許有相近的意思；也就是說，在《月燈三昧經》或《唯識二十論》中，middha 當然都不是指上床睡覺，亦即它所呈現的不是由肢體發出的睡眠動作，而是心理上或精神上的睡眠狀態。

如果把 middha 當作一種精神睡眠或心靈昏迷，那

麼，它和懶散怠惰不就比較能串連起來嗎？睡眠和昏迷都是處在不清醒的狀況；而愈不清醒，就愈可能陷入昏滯不動之中。內心陷入昏滯不動之中的人，外表上是很難有積極作為的，看不出他抱有什麼值得努力的崇高目標，也不見他對此目標不停地採取全力以赴的行動，因此他是否能有所成就，就成為別人質疑、議論的問題。

認知作為，心的昧略

安慧論師對 middha 所做的註解是：「無自主作用之心的昧略（asvatantravṛtticetaso 'bhisaṃkṣepaḥ）」。在此，「無自主作用之心」可進一步解作：心即認識主體，對色、聲、香、味、觸、法這些認識對象，不會自動自主地發揮認知的作用，也就是說，即使看了，也沒看到；即使聽了，也沒聽到……。心沒有藉著眼等六根，令眼等六識，對色等六境，產生見聞覺知等認識的成果，亦即心沒有發出積極的認知作用。心既然如此，當然就不能獲得高度的認知效率。而心無自動自主的作用，就是心沒有積極的認知作為，這不就是指心昏滯不動嗎？不就是說心在「睡眠」嗎？而使心失去自動自主的認知作為的因子，就是 middha。

其次說「心的昧略（cetaso ’bhisaṃkṣepaḥ）」。「昧略」是梵語 abhisaṃkṣepa 的漢譯。它由兩個接頭詞 abhi 和 sam 加上動詞語根√kṣip-6 和名詞語基構成音 a 做成的陽性名詞。√kṣip-6 有拋投、放擲等的意思，加上那兩個接頭詞，就解作「壓縮」、「捲縮」。心壓縮或捲縮成一團而沒有放開去發揮作用，這就是 cetaso ’bhisaṃkṣepaḥ 的原意。

心的功能就是藉由眼等六根，令眼等六識，對六境，即諸法，亦即宇宙萬物，發出認知的作用，進而對那些包圍在心內身外的種種現象產生認知成果；也就是說，心要大大施展出去，才能使根、境、識一齊合作而獲得並提昇認知效率。英文 broad-minded 或 open-minded，不也是在表示人的心（mind）應該充分寬大（broad）、開放（open）嗎？心捲縮而不展開，這表示心量不會擴大。心不寬宏大量，能帶動人做出什麼利他的好事嗎？心量窄小哪能令人自動自主地進行認知的作用，而終於獲得大智慧呢？難怪心的昧略，也就是 middha，被列為隨煩惱之一。

「心的昧略」的「昧」指昏昧，有愚癡之意，而

「略」指總攝，即縮成一團因而不能前進發揮的意思。昧略的前後順序如何呢？心是先昧後略嗎？或先略後昧？或昧略同時？其實，二者是互為因果的：若先昧而略，則略會造成更嚴重的昧；若先略而昧，則昧會促成更嚴重的略。二者並且相輔相成，輾轉不已。可以斷言的結論是：愚癡不會令人有積極且有效的作為；同樣地，消極無效的作為也不會令人有智慧。

就像沒有人會很快速就變成大智者那樣，眾生應該也不是在短暫的期間就會成為無「藥」可救的大愚者。愚癡和智慧都要經過生生世世的累積才能「成就」。發現自己有一分愚癡，就趕快捨斷它；這樣，它自然不會從小量積聚成大量。由此可知：排除煩惱是隨時隨地都要做的修行，絕對不能「等一下再來處理」。

欠缺勝解，陷入愚癡

安慧論師說 middha 是癡的一部分。它為什麼屬於癡這一類的煩惱呢？原因是：它會令眾生把應該做的事擱著不做。依據以上對 middha 的解說，可知它是「內心不起勁」、「心中沒有動力」，既然不起勁、沒有動力，當然就不會有所作為；即使是應該做的事，也會置之不理。做應該做的事，例如持戒、修定、增慧，是為了累積菩提資糧。若真的努力在做，當然就會福慧雙收，而福慧就是眾生登上菩提道時不可或缺的必備資糧。

更深入地探究為什麼有一些人的內心會不起勁、沒有動力，就會發現：他們對某些事物，欠缺五別境心所中的「欲（喜好）」和「勝解（堅決喜好）」。例如勸一個喜好吃喝玩樂的人好好持戒、修定、增慧，他會欣然接受嗎？他對這種修行佛法的事，當然內心不起勁、沒有動力去做。從佛法的角度來看，他是煩惱未斷的愚癡無聞凡夫，但就他自己的世俗觀點而言，他可是正在享受人生的樂趣。

走向流轉輪迴與走向還滅涅槃之間的距離，是很難、同時也很容易測量的，所謂迷悟在一瞬間，但無論最後如何，總是「冷暖自知」的。

——原刊於《人生》雜誌 351 期（2012 年 11 月）

03

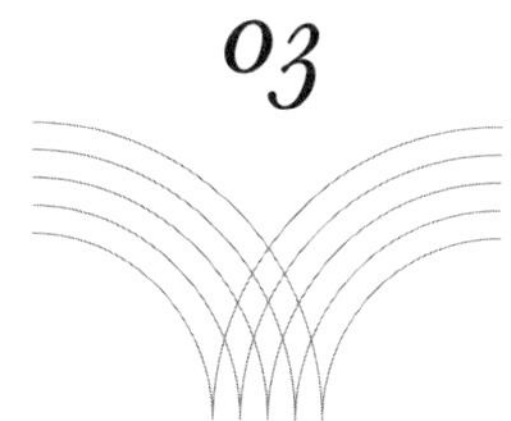

尋
vitarka

vitarka 的漢譯除了「尋」，

還有「思惟」、「臆度」、「覺想」、「粗心」等。

《望月佛教大辭典》解釋「尋」，

是粗猛地推求諸法名義等的精神作用；

安慧論師註解「尋」為「尋求的意言」，

也是「慧」與「思」的一種，

如能與智慧相應，才能覺知煩惱，進而斷除。

「尋」是梵文 vitarka 的眾多漢譯之一。vitarka 是由接頭詞 vi +動詞語根√ tark-10 + 名詞語基構成音 a 做成的陽性名詞，有「推測、想像；疑惑、考慮」的意思。除了「尋」之外，尚有其他漢譯：「思惟、臆度；覺想、思覺；尋思；疑惑、妄覺；粗心」等。又，在《望月佛教大辭典》中，「尋」被簡單地解作：「粗猛地推求諸法名義等的精神作用。」此中，「粗」指粗糙，即不細緻，而「猛」相當於「突飛猛進」的「猛」，意謂激烈快速。

簡言之，「尋」不是仔細地、一步一步推究，而是匆忙急遽地探求。在「尋」之中，思慮勢必欠缺審慎周全。急急忙忙地認知，接著急急忙忙地做結論，不會促成錯誤乃至遺憾嗎？

尋三有義，各有其解

「尋」雖然被列在隨煩惱之中，但安慧論師說它有染汙和不染汙兩種。根本煩惱（kleśa）和枝末煩惱亦即隨煩惱（upakleśa）的梵文都出自動詞語根√ kliś-4。此√ kliś-4 除了「煩惱」之外，尚有「染汙」、「雜染」之意。因此，安慧論師既然把「尋」列為隨煩惱，卻又說它

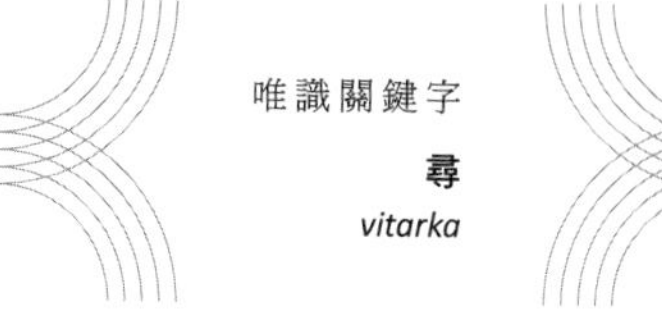

有染汙的「尋」和不染汙的「尋」，這在佛教的邏輯和教理上，確實是有值得討論之處。

難怪《成唯識論》說：「有義：尋、伺各有染、淨二類差別。有義：此釋不應正理。」此中，前一個「有義」似乎在指安慧論師對「尋」有染汙與不染汙兩種的說法而言，而後一個「有義」是對安慧論師這個說法的批判：「應說：如前諸染心所，有是煩惱、隨煩惱性。此二各有不善、無記，或復各有纏及隨眠。」這意謂「尋」既然屬於染心所，它就帶有煩惱和隨煩惱的染汙性質，亦即不善；但它也可能是無記，也就是說它或許不能僅以善惡來加以記別。《成唯識論》接著提出第三個「有義」，並說第二個「有義」的解說也「不應理」。「有義」意謂「有人主張……」。

在此，前後共有三個「有義」，亦即三種不同的主張。對同一個議題，十個學者很可能有十個以上的見解，因而難免顯得「煩瑣（scholastic）」。釋迦牟尼佛創立佛教的本意在於幫助眾生獲得智慧以離苦得樂，煩瑣的思索與此目的不太能相應吧。總之，「尋」既然也是一種隨煩惱，當然就應該把它捨斷，以免障礙成佛之道。

認知作用，取決於慧

安慧論師把「尋」註解為：「尋求的意言，慧與思的一種（vitarkaḥ paryeṣako manojalpaḥ prajñacetanā=viśeṣaḥ）。」此中，「尋求」指心識的種種活動之一；它表現於心中的相狀，是推究那些不被知解的對象。「意言」，梵文作 mano-jalpa。mano（＝ manas）是由動詞語根√man-4＋中性名詞語基構成音 as 做成的；√man 有「思考」之意，而 manas 廣指有認知作用的心及意向等，jalpa 則意謂「談話」、「議論」。此二梵字合成一個複合詞，可解作「想像」。

由此可知，安慧論師把不定心所之一的「尋」註解成「尋求的意言」，是要點出：「尋」是眾生內心生起的一種探求活動或作用；然而，它要探求的對象是尚未為心所了知的概念，且它探求的態度是粗猛而不細膩的。

又，說「尋」為「慧與思的一種」，是因為心能發出活動或作用，乃是藉由「思」和「慧」這兩股勢力所致。「思」以心的發動為本質，而「慧」有認知辨別功德和過失的相狀。有「思」，心才可能發動，亦即心的認知作用才能發揮出來，進而產生認知能力——眾生所以能認知的原因或依據。接著，心的主觀認知能力亦即「慧」，用在被認知的客觀對象上，於是認知結果生起——正確的決定和行動。

按照佛法，知解的成立必須經歷一些醞釀的過程；其中，若有任何一個環節出問題，則知解的本質、程度、範圍等很可能跟著發生變化。以「尋」為例，它也是一種認識作用，但當這個認識作用在進行時，若心與「無明」相應，則自然會導致認識錯誤；反之，若與「明」相應，認識必然正確，亦即智慧成立。因此可以說：若心不與「無明」相應，就有「慧」而沒有「尋」，但若心與「無明」相應，就有「尋」而沒有「慧」。

有想無想，皆須斷除

說有情眾生，其實是指眾生不但有感情，而且有認識能力。關於眾生，《金剛經》說：「若卵生，若胎生，若濕生，若化生。」這是指眾生誕生的方式有卵、胎、濕、化四種；又說：「若有色，若無色。」這是指有些眾生（在欲界和色界）有身體，而有些眾生（在無色界）沒有身體；又說：「若有想、若無想，若非有想非無想。」

此中的「想」是梵文 saṃjñā 的漢譯。sam 是接頭詞，有「合」、「一起」之意，jñā 出自動詞語根√jñā-9，意謂「察知」、「認識」等。sam-√jñā 可解作「同意」、「承認」，轉成陰性名詞 saṃjñā 時，則有「概念」、「理解」的意思。在此就這些語詞一再地解說，只是想表明：凡夫的內心有許許多多的概念或想法，且不停地起起伏伏，而這些概念或想法大多與「無明」相應。

因此，《金剛經》說，修菩薩行的人不能有法想或非法想；再細分，就是我想、眾生想、壽者想、補特伽羅想、瞋恨想等。又進一步說，若抱持這些想，他或她就不配被稱為菩薩，而佛是已徹底捨離一切想的覺者。由此可知，佛弟子不但不能有任何的「saṃjñā」，而且要把一切「saṃjñā」完全斷除，才有成佛的一天——修菩薩行的終極目標。saṃjñā 是錯誤認知的結果，因此佛弟子應努力追求般若（prajñā），並藉般若把一切「想」排除掉。

然而，愚癡無聞的凡夫在修行佛法的路上，可能在前進一步後，又再後退一步半。要歷經相當漫長的時間（三大阿僧祇劫）、生生世世慢慢累積修行的成果，才可能圓滿成佛的誓願，但在如願以償前，也就是說，在煩惱未完全斷除前，凡夫還是會遭受煩惱的折磨。

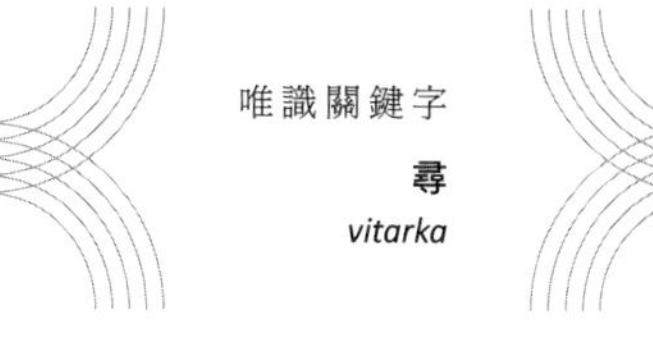

眾生雖有認知能力，但因為還被煩惱纏住，所以在認知的過程中，仍會為煩惱所玷染，而嘗受苦果。例如，當「尋」這個不定心所與「無明」一起運作時，身心一定不「安住」，亦即不會快樂舒服；這就是「尋」帶給無知眾生的傷害或後遺症。按照佛教唯識的說法，身心是「安危同一」的，即心愉悅與否會影響身體，反之亦然。因此，為了身心的安樂，最好小心警惕而別讓心為煩惱所汙穢！

——原刊於《人生》雜誌 364 期（2013 年 12 月）

04

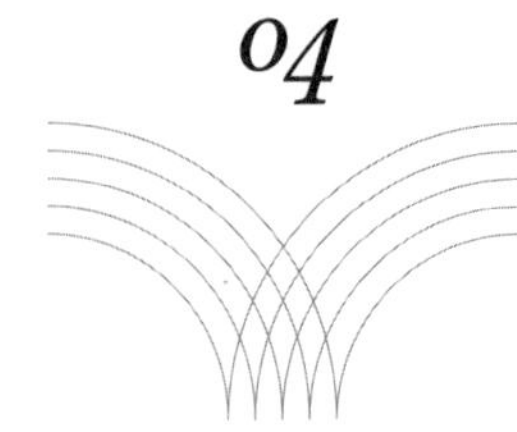

伺
vicāra

vicāra 的漢譯除了「伺」，

尚有「觀」、「檢」、「觀察」、「伺察」等，

和惡作、睡眠、尋，被列為不定心所，

端視是否與染汙心相應，繼而產生善或不善法。

佛教徒當透過修習三學，不與染汙心相應，

把染汙的伺轉為不染汙的伺，

在菩提道上一步更一步地向前走！

vicāra 是漢譯「伺」的梵文原文，由接頭詞 vi 加上重音化的動詞語根√car-1 → cār，再加上名詞語基構成音 a 而成的陽性名詞。vi 有「分離」、「欠缺」、「遠」之意；而√car 有「行動」、「步行」、「徘徊」等意。vi 和√car 各有如上的意涵，但二者合為 vicāra 時，則意謂行動，處置；思考，反省，熟慮，識別，調查，研究，檢討；躊躇。

心偏離故，思慧不用

vicāra 的漢譯除「伺」之外，尚有「觀」、「檢」、「觀察」、「伺察」、「所念」、「內思」、「細心」和「心之細」。

vicāra 是隨煩惱之一。煩惱及隨煩惱都屬於惡不善心所，可說是負面的心理活動。眾生的內心絕非處在靜止不動的狀態中。心像「有腳」般，不但不停地移動，而且全方位地移動——持續地向前或向後，向左或向右，向上或向下——前念一滅，後念就生，沒有絲毫的間隔；或許會折回原處，但立即再出發，絕不定著於某一點。由此可知：心的疲倦遠比身的疲倦難堪，因為後者只要略事休息，即可恢復如初，而前者若無相當的智慧，則可能於事無補；這是心難以掌握所致。又，在因明學上，心被視為等無間緣，應不難了解吧。

以下擬就 vicāra 的字義做闡明。vicāra 既然是一個隨煩惱心所，則「行走者（cāra ＝√car → cār ＋ a）」指的是心；當心在行走（√car）時，它一定和某物分離，也必然欠缺某物，才能把它列在煩惱類中，不是嗎？那麼，上一句中的「某物」指什麼呢？說來很簡單，就是「正知正見」，亦即「智慧」。心在發動時，和「正知正見」分離而欠缺「智慧」，因此心變成亂動；這樣一來，不會造成不堪不幸的後果嗎？想像一輛摩托車在交通要道上快速蛇行，不就明白了嗎？

安慧論師在《唯識三十頌釋論》中，為「尋」和「伺」分別定義如下：「尋（是）尋求的意言，是慧（與）思的一種（vitarkaḥ paryeṣako manojalpaḥ prajñācetanāviśeṣaḥ）」，而「（伺也）不外是伺察的意言（pratyavekṣako manojalpa eva）」；又，二者都是屬於思與慧之類，亦即皆由思與慧構成。其中，思以令心發動為其本性，而慧有分別功德與過失的行相。心就是藉由「思」和「慧」這兩股勢力而發揮作用的。

尋伺有別，心動粗細

由於「尋」和「伺」此二隨煩惱心所的原理或理趣（naya）能這樣清楚地加以辨識，所以可發現到二者之間仍有些許差異。具體地說，「尋求」僅止於片面地推究「這個是什麼」，而「伺察」則是更深一層地推究「這個就是以前所知道的那個」。總之，尋心所只淺顯地尋求事物，而伺心所更針對事物做比較深入的伺察。因此，在尋和伺二者之中，前者被認為是「心的粗動」，後者則是「心的細動」。換言之，尋、伺這二個隨煩惱意指凡夫內心中一些比較簡單和比較複雜的想法或念頭。它們和「睡眠」及「惡作」二者一樣，也都屬於不定的隨煩惱心所。「不定」在此意謂「不確定」。

把這四個隨煩惱列在不定的範圍內，原因在於它們可能是染汙的心所，也可能是不染汙的心所。做這樣區別的關鍵是它們有沒有和「染汙心」相應，進而被刺激起來。尋和伺若與染汙心相應且被刺激起來，則它們就只會做不善而不會做善；若非如此，則只做善而不做不善。二者之中，前一種當然是染汙的，而後一種必定是不染汙的。

那麼，就安慧論師的立場而言，什麼是染汙的尋和伺？又，什麼是不染汙的尋和伺？答案是：有關欲、瞋等的尋是染汙的，而有關學佛、出家等的尋是不染汙的；又，有關傷害他人的方便的伺是染汙的，而有關愛護他人的方便的伺是不染汙的。由此也可推知：不善指欲、瞋、傷害他人等，而善是學佛、出家、愛護他人等。總之，安慧論師視做善為不染汙，而做不善為染汙。更如上所說，進而做出如下的結論：尋和伺，同於睡眠和惡作，都屬於不定的心所，因為它們可能是染汙的，也可能是不染汙的。

安住於樂，三學精進

《成唯識論》說：「此二（指尋和伺）俱以安不安住身心分位所依為業。」這點，安慧論師在他著作的《唯識三十頌釋論》也有提及。他說：「此二者（指尋和伺）以給予安（住）和不安住依止為業（etau ca sparśāsparśavihārasaṃniśrayadānakarmakau）。」這意謂此二心所的作用在於為安住和不安住提供依據。雖然在《釋論》中，安慧沒有指明身心的安住與不安住，但他的意思和《成唯識論》所說一致。「安」是「樂」，因此安

住有住於樂之意，而不安住即是不住於樂。總之，身心的安住或不安住，就是身心的愉悅或不愉悅。

什麼樣的尋或伺會導致身心的安住？又，什麼樣的尋或伺會帶來身心的不安住？從佛教的立場來說，染汙法必是苦的源頭，而不染汙法才會是樂的出處。尋與伺是不定隨煩惱，即：它們可以是染汙的，也可以是不染汙的，因此尋與伺都可以是苦的源頭，也都可以是樂的出處。只要二者不與染汙心相應，並且反而受不染汙心刺激，而與它相應，就能離苦得樂，亦即能獲得身心的快樂；在這種狀況下，道業自然更增進堅固。

佛教徒修學的項目是戒、定、慧，是佛教徒應該全力以赴的道業。因能持戒而能修定，又因能修定而能增慧，但不是到此就是終點；不是由戒、定、慧三點組成一條短線，而是再由能增慧而更能持戒，由更能持戒而更能修定，由更能修定而更能增慧；如此持續下去，直到成佛。戒、定、慧的修習，在三大阿僧祇劫中，一再循環，因而形成無盡的螺旋狀。這是一件艱巨的工程，沒有極強的願力支撐，是很難不退轉的。因此，佛教徒除了必須一面努力修學佛法外，更需要一面不停地自我反省、警策，以免在菩提道上踢到一塊大石頭——無明煩惱。

願所有學佛者把染汙的尋、伺轉為不染汙的尋、伺，進而在菩提道上一步又一步地更向前走！

——原刊於《人生》雜誌 372 期（2014 年 8 月）

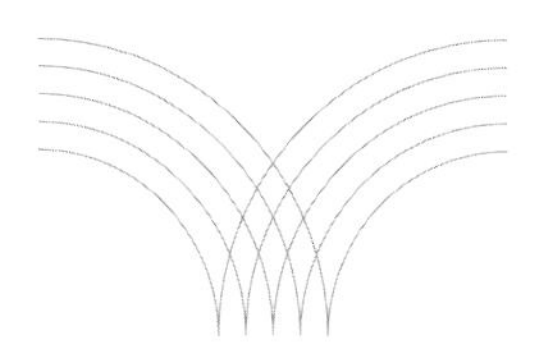

後記

對於人性，我的看法是有善有惡。就宗教而言，有神的一面，同時也有魔的一面。我常用一個簡單的計算方式表示，即：（神性＋魔性）÷2 ＝人性。從唯識佛教所說的煩惱心所和善心所，可看出它的主張也是：有情眾生雖有善的部分，但同時也有惡的一面。既然有善的一面，那就表示有情眾生及其所依住的世界是有希望的。

關於人性，儒家的孟子曰：「人之所以異於禽獸者幾希……。」又說：「無惻隱之心非人也，無羞惡之心非人也，無辭讓之心非人也，無是非之心非人也。」小乘佛教的《增一阿含經 · 慚愧品》也說：「以其世間有此（慚愧）二法擁護世間，……不與六畜共同。」除外，又說人有智慧、能堅忍。到大乘唯識佛教興起，種種大大小小的煩惱被提出來，但有情眾生在善的方面並沒有被忽視，一共提出十一個善心所，真是人性之光。以下擬簡略地加以說明。

善心所——人性之光

依據唯識思想，阿賴耶識是無覆無記，末那識是有覆無記，眼、耳、鼻、舌、身、意六識是有覆有記。覆，簡單地說，是被煩惱覆蓋，記則是依善、惡、不善不惡三種類做區別。由此可知：無覆無記就是不為煩惱所覆蓋，也不能區別為善、惡或不善不惡。其他有覆無記的意義，可依此了解。

末那識和眼等六識帶有煩惱。前者帶有的是我見、我癡、我慢、我愛；這個「我」可說是眾生的生死根源，所以是惡法。至於後者則有六個煩惱（根本煩惱）、二十個隨煩惱（枝末煩惱）和四個不定心所；其中，根本煩惱和隨煩惱是惡，不定煩惱可善可惡，即善惡不定；然而，很幸運的，除了多至三十個是惡法外，至少尚有十一個乃至十五個善法。因此，我稱這些善法為人性之光。有了這些，眾生才比較可能去邪轉正，由惡變善；眾生和這世界也因此而不至於毀滅無救。

以下分三項，即：一、善心所的種類及其與某些隨煩惱心所的對照；二、善心所的意義和功能；三、唯識無境的實例，對善心所略作說明。

（一）善心所的種類及其與某些隨煩惱心所的對照

眼等六識中有什麼善心所呢？有：信、慚、愧、無貪、無瞋、無癡、勤、輕安、不放逸、行捨、不害。其實，將此十一個善心所和二十個隨煩惱心所加以比較後，可發現：二十個隨煩惱心所中，有九個和此十一個善心所剛好相反。茲列表如下。

此表中所列兩排梵文，就語意（meaning）而言，是相反的；就拼音（spelling）而言，字首為 a 或 an 的表否定。其次，有些梵文是由拼音不同但意義相同的動詞語根做成，如 alobha 中的 lobha 和 rāga 的漢文意譯都是「貪」，這是因為它們雖源自不同的動詞語根（√lubh-4，貪欲；√raj-4，愛著），但意義卻相同。

至於，adveṣa 是由 a（pref.，不）＋√dviṣ-2（憎恨）→ dveṣ ＋陽性名詞語基構成音 a 做成的，而 pratigha 則由 prati（pref.，對著……）＋ gha（源自√han，殺

	善心所（kuśala-caitasika）		隨煩惱心所（upakleśa-caitasika）	
編號	因	果	因	果
1	信（śraddhā）	導向解脫	不信（āśraddhya）	導向沉淪
2	慚（hrī）		無慚（āhrīkya）	
3	愧（apatrāpya）		無愧（an-apatrāpya）	
4	無貪（a-lobha）		貪（rāga）	
5	無瞋（a-dveṣa）		瞋（pratigha）	
6	無癡（a-moha）		癡（moha）mūḍha	
7	勤（vīrya）		懈怠（kausīdya）	
8	輕安（praśrabdhi）			
9	不放逸（apramādika）		放逸（pramāda）	
10	行捨（upekṣā）			
11	不害（ahiṃsā）		害（vihiṃsā）	

害）。由「憎恨」而「動手殺害」，都有「瞋」的涵意。amoha（無癡）和 moha（癡）以及與 moha 同義的 mūḍha（√muh → mūh ＋ ta〔ppp. suf.〕→ mūḍha）都是以有「迷惑」之意的√muh-4 做成的。

又，善心所中的「勤」（vīrya）和隨煩惱中的「懈怠」（kausīdya），兩者所源出的動詞語根不同，意義也相反。又，「輕安」的反面是「麤重」（dauṣṭhulya），但麤重並未被列在隨煩惱心所中。

最後的 ahiṃsā 是一個二十世紀非常撼動人心的梵文。聖雄甘地在印度率眾反抗英國邪惡的殖民統治，就是以 ahiṃsā 為標誌。此梵文的意義譯成英文是 non-violence，一般直譯為「非暴力」，但依據佛法，此 ahiṃsā 引申為「慈悲」。ahiṃsā（a〔不〕-hiṃsā）和 vihiṃsā（vi〔分離〕-hīṃsā）都出自相同的動詞語根 √ hiṃs-7（傷害）。前者是「不殺」之意，即不以暴力殺害；後者的意義則剛好相反。

（二）善心所的意義和功能

在此先將善心所的意義和功能列成下表。

粗略地對照此表，可獲得一個簡單的結論：善可用以排除惡。有情眾生犯錯的可能性不小，做惡的成功率也不低，然而有情眾生還是有機會提昇，因為他們同時也有善的一面，可藉由善除惡。惡就像不斷落在桌面的灰塵，善則如努力擦拭，使灰塵無法附著，桌面就會變乾淨。

（三）唯識無境的實例

小乘佛教把一個有情眾生的構成要素分成：色（身

編號	善心所	意義	功能
1	信	對業、報、四諦、三寶的信解，心之澄淨，願望	引生樂欲
2	慚	因犯過作惡而覺得自己很羞恥	阻止惡行的發生
3	愧	因犯過作惡而覺得對他人很羞愧	阻止惡行的發生
4	無貪	對生存和生活資具不起執著和奢求	阻止惡行生起
5	無瞋	瞋的相反，即慈	阻止惡行生起
6	無癡	癡的相反，對業、報、四諦、三寶的如實正解	阻止惡行生起
7	勤（精進）	懈怠的相反，對修善勇敢而對做惡不勇敢	成就善
8	輕安	身心調暢	除去煩惱障
9	不放逸	放逸的相反，包含「無貪」到「勤」共四善心所	圓滿世間和出世間之福
10	行捨	心的平等，心的正直，心的無功用（無展向）	排除一切煩惱與隨煩惱
11	不害	不以殺害、捕縛等令眾生痛苦，亦即悲	不損惱

體）、受（感覺）、想（認知）、行（意志）、識（了解）。前一屬於物質層面，後四則是精神層面。以佛教術語說，前一為色，後四為心。而此四者之間的關係，是平

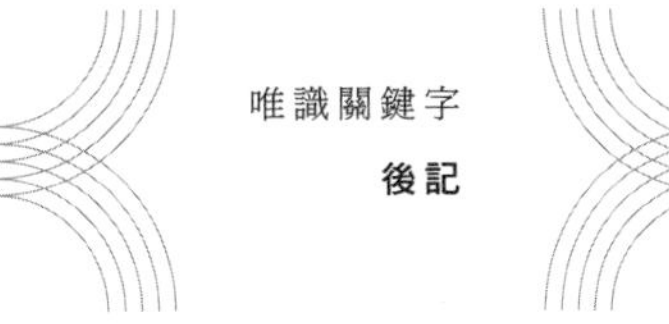

行或主輔，有不同的說法。總之，在此二方面中，佛教偏重後者，因為它認為有情識的心是宇宙萬物的主導者；只要把心修好，其他一切就跟著變好。這種重視心的主張，到唯識佛教興起後，發展得更淋漓盡致，甚至說「唯識無境」，因而被認為它否定外界的存在。若做更深入的思考，則對這樣的思想很可能有不同的理解。有情眾生的心智程度不同，以致他們所曉得的「外界」，會隨各自的心智而有所差異。以下舉一例為證：

幾十年前，我常去中華佛教居士會做志工。有一次，有一對擔任公務員的姊妹，把老母親往生後燒出的舍利帶到居士會展示。那兩位姊妹不懂也不在乎佛教，但有些佛教徒頗受那位老太太的舍利感動，而商請她們拿出來給大家看。

展示的那一天，來看的人有男有女，有年長者也有年輕人，我也在場。每個人看過老菩薩的舍利後，歐巴桑說看到媽祖婆，歐吉桑說看到恩主公，最有趣的是有一位年輕人說他看到元寶。我好奇，立刻趨前和他談話，他竟然說出他最近需要錢，每天思思念念的都是鈔票，好一個「唯識無境」！

有關唯識佛教的術語很多，思想內涵也很深，要了解它確實不容易，但若能在日常生活上多用心注意，其實也不難略知一二。佛弟子即使只藉著這個「略知一二」，也能看到一條筆直、寬廣的大路——成佛之道——已在眼前展開，接著進行曲播出來，只要努力不停地前進，遲早一定能走到終點——成為覺悟者（buddha，佛陀）。

般若方程式 15

唯識關鍵字

Key Words of Vijñaptimātra-vāda

著者	許洋主
出版	法鼓文化
總監	釋果賢
總編輯	陳重光
編輯	李金瑛
封面設計	化外設計
內頁美編	小工
地址	臺北市北投區公館路186號5樓
電話	(02)2893-4646
傳真	(02)2896-0731
網址	http://www.ddc.com.tw
E-mail	market@ddc.com.tw
讀者服務專線	(02)2896-1600
初版一刷	2018年2月
建議售價	新臺幣380元
郵撥帳號	50013371
戶名	財團法人法鼓山文教基金會—法鼓文化
北美經銷處	紐約東初禪寺
	Chan Meditation Center (New York, USA)
	Tel: (718)592-6593 Fax: (718)592-0717

法鼓文化

國家圖書館出版品預行編目資料

唯識關鍵字 / 許洋主著. -- 初版. -- 臺北市：
法鼓文化, 2018. 02
面； 公分
ISBN 978-957-598-775-6（平裝）

1.唯識

220.123　　106025008